本书为国家自然科学基金（71102108）和教育部人文社科基金（10YJC630155）
资助的项目成果

后英雄式领导

POST-HEROIC LEADERSHIP

概念丛林、研究进展与实证分析

CONCEPTS, REVIEW AND EMPIRICAL ANALYSIS

刘松博 著

社会科学文献出版社
SOCIAL SCIENCES ACADEMIC PRESS (CHINA)

目录
Contents

第一章

绪　论

什么人是领导呢？我们首先想到的可能是那些伟大的领袖：毛泽东、邓小平、华盛顿、罗斯福、戴高乐、曼德拉、昂山素季……还可能是那些成功的商业巨头：洛克菲勒、比尔·盖茨、乔布斯、松下幸之助、稻盛和夫、柳传志、马云……领导一词往往与这些熠熠生辉的名字相关联，被赋予了英雄主义的色彩与光环，他们对组织的影响，就像格罗夫之于英特尔、郭士纳之于IBM、韦尔奇之于通用电气、任正非之于华为、董明珠之于格力、张瑞敏之于海尔……这些故事被人们视为凭借一己之力挽既倒狂澜、扶将倾大厦的标准范本，是对英雄式领导（heroic leadership）的完美演绎。

英雄式领导的价值是毋庸置疑的。在这方面，法国著名社会心理学家勒庞显然是有发言权的，他曾在其名著《乌合之众：大众心理研究》中写道：领导的意志是“群体……的核心，他是各色人等形成组织的第一要素，他为他们组成派别铺平了道路”。而群体则像是温顺的羊群，“没了头羊就会不知所措”。在这本书的中文版序言中，也有如下的表述：

> 和群众经常表现出极高的道德境界相一致，英雄之成为英雄，也必是因为他具备能够迎合心中的为事业而献身的勇气、不懈的斗志和高尚的利他主义（勒庞，2005）。

勒庞通过对“剧院观众”的情绪化表现的分析告诉我们，群体本能地希望英雄表现出他们所不具备的高尚品格。这些品格作为日常生活中很不多见的稀缺“商品”，英雄如果能让人们觉得他可以大量提供，当然会让他广受爱戴。

从这个角度看，领导的崇高和伟岸似乎是必然的。即使在日常工作中，组织中的领导不必等同于如上所述的显赫人物，往往也被叫做“上级”“上司”“老板”或者“老大”，在下属心目中长袖善舞、指挥若定、一言九鼎，代表着权力、威严、智慧、知识、愿景，是一个与普通员工不一样的被人们仰视的群体。然而，在一些最近的中西方企业管理实践中，领导的作用和地位似乎发生了偏离上述传统认知的变化，这些变化正在越来越多地引起人们的重视。

案例 1：高层管理者的集体领导

众所周知，联想的发展深刻地打上了柳传志个人的烙印，但随着企业的发展，“大家长”柳传志在很多场合都表达过联想要从家长式领导转向集体领导制的想法。2012 年 6 月，柳传志卸下联想控股的总裁一职，由低调的朱立南担任新一任总裁；而在此前的 2011 年 11 月，柳传志由联想集团董事长变身为名誉董事长。强人色彩减弱，联想正在向集体领导制过渡。之所以将集体领导制作为联想未来的战略领导模式，柳传志的主要考虑是，随着企业引入的外部人才增多，仍然采用家长领导制必然会制约这些外部管理人才的积极性和创造性，而集体领导制则可以激励新加入的管理者，并且可以更好地整合各方力量。目前，联想集体领导制的主要载体就是联想控股的执行委员会；由该委员会，而并非是某个人，全面负责整个企业的管理工作，承担着资源的掌握与配置、文化的建设和巩固、公司战略和相关制度的制定和执行、产品线的布局与管理、人才的选拔与培养等一系列关键职能。①

另外一家曾极度依赖领袖魅力的中国企业——华为，也正在转变其自创业以来的领导模式。2012 年 4 月 23 日，华为首次明确在公司财报中系统而清晰地写入了董事会领导下的 CEO 轮值制度。这一制度最早始于 2004 年华为所创建的 EMT 制度，即 Executive Management Team 这一集体决策机制，由 8 位高层管理者轮流担任 EMT 主席，每人轮值半年。为了避免意外风险所带来的不确定性，他们的决策都是由集体做出的。② 轮值 CEO 在其轮值期间是组织的最高执行长官，如果他偏离了航向，下一任 CEO 就会对其进行纠正，保证大船行驶在正确的航线上。有着军人背景的任正非一度凭借着强大的个人影响力打造了华为的“狼文化”，尤其在华为历史发展早期，任何一次重大决策都由任正非亲自拍板决定，其作风硬朗令人望而生畏，但其非凡的战略眼光也确实是推动华为早期迅猛发展的关键所在。然而，随着公司规模的不断扩大，事必躬亲的个人化决策终难以为继，意识到这一点的任正非开始转

① 本部分内容参考了尚文婕《联想：“家长领导制”向“集体领导制”转型》，《中国品牌》2012 年 10 月。

② 本部分内容参考了吴建国《轮值 CEO 与华为接班人》，《中国企业家》2012 年 10 月。

向集体领导的决策方式，适时推出轮值 CEO 制度，一方面“让听得见炮声的人决策”①，另一方面也让自己在保持强势作风的基础上，聚焦于公司未来发展等更为宏观的问题，通过团队协调分工提升华为的决策与适应能力。虽然这一制度从诞生起就饱受争议，但华为公司还是坚持了下来，任正非（2012）也公开撰文呼吁：“我们不要百般挑剔轮值 CEO 制度，宽容是他们成功的力量，它需要时间来验证”。

其实，如上的集体领导制在西方早就已经被众多组织所使用。比如很多公司采用“联合 CEO”（Co-CEO）制，也就是两人或两人以上同时担任 CEO，这可以被视为华为轮值 CEO 的早期形态。比如黑莓手机的生产商 RIM 公司最早由吉姆·鲍尔斯利（Jim Balsillie）和麦克·拉扎里迪斯（Mike Lazaridis）担任联合 CEO，德国商业软件巨头 SAP 由孟鼎铭（Bill McDermott）和施杰翰（Jim Hagemann Snabe）担任联合 CEO，韩国三星公司则于 2013 年任命权五铉（Kwon Oh-hyun）、尹富根（Yoon Boo-keun）和申宗钧（J. K. Shin）三人共同担任联合 CEO 一职。还有些公司采用了管理委员会的领导模式。以德国拜耳公司为例，其管理委员会由 4 人组成，每届任期 5 年，尽管这 4 名成员分管不同的部门，但并非主席的下属，决策是由 4 人共同做出的。在该公司的大中华区，任何一次重大决策必须在 5 位高层管理团队成员（1 位总负责人和 4 位分公司负责人）都同意的情况下才能实施，只要有 1 位高管反对就必须进行再评估。这种决策虽然让效率受损，却在最大程度上规避了风险，并且也让每个子公司的领导必须兼顾到集团整体的

---

① 摘自 2009 年 1 月任正非在华为销服体系奋斗颁奖大会上的讲话。

利益。①

上述集体领导制一般是针对企业高层管理者的领导模式，而在企业的中层和基层，传统的领导模式也受到了一些新兴领导模式的冲击。

案例 2：自我管理团队及其发展

沃尔沃、BP、丰田等世界级公司都在使用这一自我管理团队模式，并取得了巨大的成效。所谓自我管理团队，就是员工自己管理自己的团队类型，不需要明确的团队领导（Coates & Miller, 1995），或者领导角色由团队成员轮流担任（储奔、王晓宇，2006），团队成员自主决策、自我领导、相互监督。自我管理团队在西方已经发展了很多年，早在 20 世纪 50 年代就已经在日本诞生，但目前在中国还处于初期阶段。尽管如此，有些中国企业已经不仅将这种团队管理模式引入公司管理，还对这种模式进行了针对本企业的发展与改良。这其中，我国家电龙头企业海尔的“官兵互选”是一个值得一提的尝试。

为了解决考核的精确性和员工的积极性问题，针对互联网时代的管理特点，海尔进行了全面而系统的管理变革，统称为“人单合一”共赢模式。在这种模式下，集团的 8 万多名员工分布在共三级 2000 多个自主经营体之中。一线员工从金字塔底部被提升到塔顶，是一级经营体，直接面向用户和市场；二级经营体负责为一级经营体提供资源保障；三级经营体则要协同优化组织内部的各个经营体，并要发现市场上的战略机会。张瑞敏本人就是三级经营体的一员，这就形成了所谓的“倒三角”组织架构。每个自主经营体都是一个创新的主体，自创新、自组织、自驱动，享

① 本部分内容参考了杨百寅、杨斌、王念《集体领导力——中国企业的管理智慧》，《清华管理评论》2013 年第 1 期。

有最为重要的用人权、决策权和分配权。这样看来，每个经营体都是一个小的公司，而这个小公司的负责人是通过竞聘上岗的。也就是说，海尔内部的每一个员工都有希望成为某个经营体的负责人，从而极大地激发了员工的工作热情。张瑞敏（2009）甚至提出："让每个人成为自己的CEO"，"每个企业CEO的成功，不在于企业为社会制造了多少产品，而是制造了多少'CEO'，是否打造了一个让每位员工实现自身价值……的平台!"更具特色的是，团队成员如果不认可这个经营体的负责人，还可以通过一定的标准和程序选择新的团队领导，这就是海尔内部著名的"官兵互选"机制。张瑞敏自己曾举例子说："海尔在中国3000个县，每个县的销售公司是一个自主经营体，员工人数不能超过七个。有一个县自主经营体，领导有问题，那些兵联合起来把他选掉了，像兵变一样，选了另一个县的人当领导。另一个县的人上来后，又把那七个人中的三个兵削了，变成只有四个人。结果指标完成比以前多一倍，这四个人分得更多了。后来，四个人忙不过来，又雇用临时人员，但临时人员是他们出钱来雇，和海尔集团没关系。"可以看到，海尔的自主经营体具有自我管理团队的自主决策、自我领导、相互监督的特征，但是在领导模式上并非没有明确的领导者，也并非所有人轮流担任，而是根据海尔的实际情况进行了一定的调整，团队领导的地位既强又弱，既高又低，颠覆了传统的团队领导模式。

在西方，领导模式的变革出现了更为极端的成功案例，有的企业竟然没有经理人员。比如，下面案例中的晨星公司就是如此。管理学大师加里·哈梅尔（Gary Hamel）甚至据此在《哈佛商业评论》中喊出了"首先，消灭所有经理人"的口号。

案例 3：没有经理人的企业

晨星公司（Morning Star）是全世界最大的西红柿加工企业，2010 年收入超过 7 亿美元。而 20 多年来，该公司竟然一直是在没有管理人员的情况下运行的。在这家公司，每个员工都没有领导，他们的职责范围是通过互相协商来确定的。从晨星公司的使命描述中，就可以看到这家公司的与众不同：要创建这样一家公司，所有员工“都是自我管理的专业人士，他们主动与同事、客户、供应商和业内同行进行沟通并协调彼此的活动，无需听从他人的指令”。

晨星公司的管理模式有一个简单的核心理念，即“给予员工自由”。为了达成愿景，晨星公司没有界定员工的岗位职责，有着更多经验和技能的资深员工有机会承担更大的职责。每个员工年初时都会与相关的同事商定一份完成个人任务的协议计划，这份计划会随着员工能力和兴趣的变化而发生改变。在这一过程中，资深员工会逐渐承担起更为复杂的工作，而新同事则会从事一些基础性的工作。这些计划的指定以及完成计划的过程都是员工自我管理的，由他们自己去获取所需的资源和设备，并有权自己去招聘人员。每个普通员工也都有权利提出针对任何方面的改善建议。

晨星公司没有设定层级结构和晋升通道，每个员工也没有任何职衔。员工必须通过专业能力的展现来得到同事们不同程度的认可，能力出众的同事会得到更高的薪酬。内部竞争的目的不是谁得到美差，而是谁可以做出更大的贡献。这也迫使员工必须去学习新的技能，或找到创新的方法以提供更好的服务。从结果上看，晨星公司的这一模式具有很多优点，比如忠诚度和灵活性提高了，专业能力和积极性增强了，员工关系改善了，成本得以降低。曾经提出"核心竞争力"概念的加里·哈梅尔相信晨星公司的领导方式适用于各种公司，但同时认为，要实现这样的转变需要时间、努力和激情。[①]

上面三个案例所描述的做法不同程度地颠覆了传统的领导模式。第一个案例中的领导还是组织从上至下正式任命的，权力仍然集中在高层；第二个案例中的领导是正式（从上至下）和非正式（从下至上）领导的结合，权力已经开始向下分布；第三个案例中的领导则完全是被员工认可而形成的非正式领导，权力集中在员工层面。三者的共同点在于领导都不再是那个神通广大、无所不能、万众臣服，凭借单枪匹马就能拯救企业的英雄形象，而是在权力制约和下放中的后英雄式（post-heroic）领导。

其实，一直有学者对众说纷纭的领导概念有不同看法。比如，领导学的大师级学者 Yukl（2012）就认为现代领导理论中只关注"英雄式领导"（heroic leadership）是一种偏见。Meindl，Ehrlich 和 Dukerich（1985）指出，在因果关系不明确和无法预测的情境下，将领导"浪漫化"（romanticizing）只是提供了一个理解复杂组织过程的稳妥的、简化的方式。Crevani，Lindgren 和 Packendorff（2007）批评道，传统的英雄式领导最害怕的就是失败，他们在自己的知识和信息方面比下属更有优越感，视下属为不时需要帮助和拯救的"低等生物"（inferior creatures）。另一位学术巨擘 Mintzberg（1999）甚至认为媒体和那些所谓的管理大师是推动英雄式领导的主因，他们经常将成功个人化，将领导奉若神明，因为这样讲故事更好听，也更容易。显然，这些学者都认为英雄式领导有很大的局限，下属和信息不应该也不能够被这样控制，新的领导模

① 本部分内容参考了加里·哈梅尔《首先，消灭所有经理人》，《哈佛商业评论》（中文版）2012 年第 1 期。

式——后英雄式领导也就由此进入公众的视野，并逐渐流行起来。

那么，到底什么是后英雄式领导？这种日益流行的后英雄式领导是怎样产生的？它包括哪些类型？授权型领导、共享式领导、分布式领导、涌现型领导等领导模式与后英雄式领导存在怎样的关系？后英雄式领导具有何种效用？前景如何？在中国文化下是否值得推广？在中西方的研究现状如何？为了回答这些问题，本书将通过六章的内容来系统介绍这一概念的理论发展。这六章虽然逻辑上相互连接，但在内容上也可以相互独立，读者可以根据自己的兴趣选择阅读。

第一章是绪论，主要是通过企业实践做法和学术界的一些认识引出后英雄式领导这一概念，让读者对后英雄式领导有一个感性的认识，并提出本书所要解决的主要问题，介绍各章的主要内容。

第二章介绍领导学的发展和几种典型英雄式领导概念的定义和局限，为引出后英雄式领导做铺垫。

第三章介绍后英雄式领导这一概念的定义和产生的背景，明确英雄式领导与后英雄式领导的区别与联系，最重要的是通过“人数”和“正式与否”这两个维度建立了一个后英雄式领导的四象限分类框架，将授权型领导、高层管理团队、共享式领导、分布式领导、涌现型领导等领导模式纳入这一框架之中，并通过在英文数据库 ProQuest - ABI/INFORM 中搜索关键词进行近几年相关文献频次统计的方法，对其中重点概念的研究进展进行比较，勾勒出后英雄式领导的疆域“版图”。

第四章采用文献综述的方法，介绍后英雄式领导的学术研究进展，尤其是对松 - 紧式领导、高管团队行为整合、涌现型领导和共享式领导这四种模式的研究进行回顾，并展望未来的研究方向。

第五章采用实证研究的方法，以团队为分析单位，通过在中国高科技企业收集的数据，对典型的后英雄式领导模式的影响机制进行分析，并探讨在中国文化背景下这些模式的效用价值。

第六章则会对全书的内容和不足之处进行整体总结。

第二章

英雄式领导：发展、特点与局限

第一节　领导的定义与发展脉络[①]

一　领导的定义

在每一个年代每一个领域，人们都能发现卓越的领导者，这些鲜活的人物为我们诠释了领导的传奇和无限魅力，让人们对领导这一角色充满好奇。其实，领导活动是普遍存在于生活和工作中的日常现象，自从有群体出现，领导就产生了。从国家、政府、军队，到企业、学校、医院，甚至在家庭和朋友圈子中都有各种类型领导的存在。那么，到底什么是领导呢？在探讨后英雄式领导之前，有必要对领导这一概念先做出界定，这也可以更好地帮助我们理解后英雄式领导。

学术界对于领导的定义众说纷纭，至今并没有一致的答案。

① 本节内容根据刘松博（2013）改写。

这也从一定程度上反映出领导这一概念的复杂性。其实，中文语境下的“领导”对应着英文中的三个单词：Leader、Lead 和 Leadership。领导可以指施加影响力或领导力的人，即领导者（leader），这体现出领导一词的名词性。领导也可以指领导者施加影响力或领导力（lead），从而激励员工并促进组织目标的实现，这体现出领导一词的动词性。西方提到领导时最常用的词是 leadership，有学者将之译为“领导力”，多用来指领导过程（leading）中领导者（leader）所表现出的特质、行为、风格、职能等要素，也在广义上包括领导者和领导过程。Bass（1990）在为《巴斯与斯托克蒂尔的领导手册》写序的时候，强调了领导概念的纷繁复杂。他认为，对领导下定义的方法有许多种，并列举了从个人品质、效力、活动、行为、手段、艺术、过程、关系等角度切入的定义。不管对于领导的界定如何变化，以下几个特点是领导这一活动所必然包括的。

第一，有领导者，就有被领导者，或者叫追随者（follower），二者互动共生，缺一不可。

第二，领导活动存在于某种组织或团队的情境之下，并受这种情境的影响。

第三，领导活动的目的是为了实现一个特定的目标，这个目标决定了领导活动的方向。

这里可以构建一个方程，以表明领导活动的复杂性和动态性，即领导（L）=f（领导者，追随者，情境）。那么，如何在这一框架下理解后英雄式领导这一现象呢？笔者认为可以把握住两个关键词：影响力和权力。

二　影响力视角下的领导

从本质上看，领导意味着一种无形影响力（influence）的施加。《高效能人士的七个习惯》的作者柯维（Covey）就提出过“领导力的本质就是影响力”的著名判断。需要强调的是，这种“影响力”应该是领导者与追随者之间的相互影响。为了达到有价值的目标，领导者和与之相应的追随者在相当长的时间里同心协力。领导者有可能受到追随者的影响，而追随者有时也需要执行领导者的角色。这是一个双向的互动。追随者是不是仅指“被领导者”“下属”和“群众”呢？一些学者提出了“领导追随”的观点（Blanchard & Johnson，2000）。组织在执行目标时，员工作为组织运营的主角与主力军，领导者就成为追随者（也可理解为支持者），支持员工的工作。而领导者在领导执行过程中，在领导者和追随者两种角色中转换，给员工提供各种支持，获取员工的信任，激发员工的主动性和创造性，发挥集体的力量。

这种领导者和追随者相互影响的理念为后英雄式领导的形成奠定了理论基础。可以这样认为，在一个组织内部，领导者和追随者就是同一批人群，只是在不同的时间点上以及不同的情境之下扮演着不同的角色。从这个角度来看，每个人都可能是领导者。好的领导者不仅能将自己的人际影响力和洞察力发挥到极致，而且知道如何汲取周围人群的养分，适时变通和进步。一个优秀的追随者也永远不会将自己定义为“盲从者”，而是要站在领导者的角度思考问题，从而更好地与领导者互动，并在需要时站出来承担领导的角色，从而成为一个后英雄式的领导者。

三　权力视角下的领导

人们常常用“气场强大”来形容一个团队中的领导者，其一言一行、一举一动甚至日常穿着打扮都有可能会影响到其他成员。这种能够改变他人的行为、态度乃至信念的无形力量源于领导者权力。从一般意义上说，权力（power）是人们拥有的能够通过改变他人、实现自身目的的能力。这种能力一方面源于正式的职位头衔，并将为领导者带来一种居高临下的强势地位。例如，主管经理在委派工作、推行相关政策时可以要求下属员工无条件服从。此时的领导更多地是以一种组织权威（authority）的形象发号施令；而下属则承担着服从权威的责任与义务——无论是否心甘情愿。另一方面，权力也有可能是源于个体娴熟的技能、广博的知识或是崇高的道德风尚——人们总是会由衷地崇敬、爱戴以身作则的领导人，并发自内心地追随其左右。

如果说权力代表的是促成改变的能力，领导力则着眼于实际改变的成效，它关注的不仅是服从以及过往的经验成就，而且是如何借助权力这一有力工具突破现状、推动变革，进而引领着团队与理想未来狭路相逢并获取成功。可以断定的是，领导者需要权力来完成任务，权力对于领导力的有效性是至关重要的。弗伦奇和雷文（French & Raven，1959）两位学者分别从职位与个人两个角度追溯了权力的来源，并进一步将其划分为如下五种形式。

（一）职位权力

1. 法定权（legitimate power）。顾名思义，法定权力伴随着组织正式授予的权威头衔而生。身处其位的领导者为谋其政，上至战略调控下至资源调配，相关政策的制定与实施都需要凭借法定职权，层级分明的权力体系能够清晰地界定不同成员的职责范畴。

2. 奖赏权（reward power）。“胡萝卜加大棒”是一项古老而经典的激励手段，以众人垂涎的胡萝卜作为成员完成绩效目标的嘉奖，领导者便拥有了奖赏式权力。奖励的具体形式从加薪、授权到职位晋升等不一而足，但关键在于对员工内心需求的把握：是满足于物质激励，抑或是寻求更高层面的自我发展？

3. 强制权（coercive power）。与奖赏权相对，强制权就像是一柄予以威慑、恐吓的狼牙棒，代表领导者拥有的惩罚权。对于上级训斥指责、撤销奖金甚至于解雇的畏惧，往往能从反面警醒员工规范言行，恪尽职守。

需要注意的是，职位权力凭借组织正式制度体系为强大的后盾，尽管能够为掌权者带来令人敬畏的影响力；但下属并非一定能心悦诚服地予以追随。在一个团队中，真正的领导者无论是否拥有正式的职权，都具有强大的权力。这种“气场”在很大程度上源于成员的个人特质，并将进一步决定领导权的实际权力。

（二）个人权力

- 专家权（expert power）。“知识就是力量”可以很好地诠释这种专家型权力。在团队中知识渊博、技能高超或是在某特定领域具有丰富经验的成员通常为众人敬仰并信服，从而得以对他人施加影响。

- 参照权（referent power）。卓越领袖作为团队的灵魂人物，接受着来自下属的认可、尊敬和羡慕，这种钦佩的力量为领导者带来了参照式权力，使他们以表率的姿态激发他人由衷地仿效甚至膜拜，这一影响力也将随着上下级关系的加深而逐渐扩大。

一般而言，领导者并不需要具备所有五种形式的权力，只要令人信服地拥有了其中的一到两种就可以成为真正意义上的领导者。比如，网络上被热捧的某些公共知识分子的微博有巨大的访问量和引用率，他们的言论不论对错都对其拥趸有着不容置疑的影响力，“专家权”本身就足以支持其领导力的发挥。

上述的社会权力分类基于特定的个人或是职位，从一个相对静止的角度展现了领导权的来源。但现实世界里的领导者往往需要在错综复杂、动态变化的环境中履行相应职权；如此一来，本就形式多样的权力更显倏忽不定、难以把握。为此，Pfeffer 和 Salancik（1978）指出权力实际源于“形势所迫”，是为了应对重要的组织问题而产生的，影响力的大小取决于个体在整个组织中的地位，其职务的中心性、他人的依赖以及紧急关头的危机处理能力都将在不同程度上奠定领导权的根基。

- 中心性。当团队某位成员在企业主营业务流程中承担关键职务，并能显著地影响最终的结果产出时，他将轻易地拥有举足轻重的权力地位。

- 依赖性。依赖性往往与稀缺、关键的资源相关。工作中的互通有无、协调配合使得人们在对那些资源控制者“有所求”的同时，也赋予了后者相应的权力，尤其是当后者掌握的是独一无二、不可替代的资源时。

- 不确定性。变化的环境致使领导过程体现出高度的复杂性。在共同的利益驱使下，临危不乱的领导者往往更能安抚人心，并将通过降低环境不确定性进一步树立威望。

综上所述，权力在很多时候是由正式的职权体系赋予领导者的一种工具——他们以此来衬托并维持其权威地位。但在组织中拥有权力的不一定都是主管，普通员工也有可能凭借自身的道德修养、专业技能水平等个人特质，在特定情境下从“非正式渠道”获得权力，从而促成了后英雄式领导的产生。

四 领导学的理论发展脉络

从领导学的理论发展来看，后英雄式领导只是庞大的领导学体系中的研究领域之一，但作为新兴的研究领域，正在越来越引起学术界的关注。笔者曾将领导学的研究途径和理论类别分为如下五种（刘松博，2013）。

一是特质理论。领导特质理论的假设是：领导者是天生的，而不是后天培养的。研究人员试图发现领导者与非领导者在个性、性别、经历、智力、外表等生理和心理特质上的差异，从而帮助选拔领导者，或者帮助提高领导者的绩效。领导特质理论有着广泛的社会基础，人们面对伟大人物并对之进行分析时，往往是从其与众不同的特质入手。虽然并没有人能够总结出所有成功的领导者身上具备的所有通用特质，也没有证据表明某一种特质就一定是领导成功的必然保证，但是，这一理论流派的研究找到了某些可能会提高领导绩效的要素，这在20世纪的20～40年代有非常重要的开创性意义。

二是行为理论。由于忽视了后天的影响，特质理论无法完全解释领导成功的原因，自20世纪40年代起，研究人员开始将重心放在领导者的具体行为上，力图解释成功的领导者应该具有某些特定的风格或行为特点。领导行为理论的研究内容相对于特质理论而言，对于培养和训练合格的领导者有更具针对性的指导意义。领导行为理论包含的内容范围很广，直到今天仍然受到领导学研究者的关注。

三是权变理论。没有任何一种特质或行为在所有条件下都有效，所以，自20世纪60年代起，研究人员又将目光放在了影响领导成功或失败的情境因素上，比如，工作的特征、下属的特点、团队的生命周期、外部的环境等。人们越来越发现领导的有效性与其所处的情境高度相关，不同要素的组合使得领导学的研究更加复杂，也更加有趣。相对于权变理论，上面的两种理论，特质理论和行为理论也被称为通用理论。离开了对于情境的把握，通用的领导特质和行为根本不能在理解领导有效性中发挥作用。

四是综合理论。20世纪70年代起，研究者开始尝试将上述所有理论结合起来，或者使用两种及以上的领导概念同时进行研究，以求更接近领导现象的本质。目前主流的领导学研究大都是在这一框架之下的。这些研究可以帮助领导者找到提高成功可能性的行为和特质，探究领导与部属的关系（Leader Member Exchange，LMX）可能带来的不同结果，以及决定这些特质、行为和结果的权变条件。由于综合理论是上面三种理论的结合体，所以如上四个学派并非界限分明，在综合理论的框架下，很多研究内容都是有交叉的。虽然每一个学派较之前一个学派都有较大的发展，但这四个学派的共同点是都聚焦于位于中心的单个领导，或者说“垂直型领导”（vertical leaders）统治着上面的四个学派（Pearce，2004）。

五是集体式领导理论。自20世纪90年代中期起，集体式领导理论，尤其是探索非正式领导的集体式领导理论开始引起研究者的重视，在这一理论学派中，普通员工也可以担当领导角色，研究视野得到拓展。这是领导学研究范式的一个极大转变，因为集体式领导关注领导力在团队和组织中的分布和共享，突破了既往研究过于强调高层级领导者作用的局限。现有的研究虽然注意到组织中可能存在多个领导者这一事实，但是对于这些领导者之间的关系仍然没有深入的研究。对领导与部属关系（LMX）的研究超越了个体领导者本身。而集体式领导则从另外一个角度对单纯研究个体领导者的学术现状进行反思。这一考察还突破了传统领导研究中只探讨正式领导者的特质、角色、行为的思维惯性，开始关注领导的功能散布于各个层次或部门的实践形态，并且不同于原有的静态研究视野，开始更为关注领导角色转换、行为流动（flow）的动态化过程。由于该理论学派发展较晚，所以还没有完全得到主流学界的认可，尚在进步和完善之中。这种集体式领导模式就是典型的后英雄式领导的视角，包括共享式领导和分布式领导等新兴的领导学概念。本书在后文中将对这一领域进行重点的介绍。

第二节　几种典型的英雄式领导

领导学领域从来不缺乏新的名词，各种概念层出不穷，韩巍和席酉民（2009）借鉴管理学领域中的“丛林”和“大象”之说，将领导学领域众多学术成果也比喻为“丛林”与“大象”。在这些领导学的概念中，有一些是非常典型的英雄式领导，这些领导行为凸显了领导的个人特质和影响力，以及其对组织和环境的掌握，比如魅力型领导、变革型领导、交易型领导、指挥型领导、愿景型领导、战略型领导等。这其中，前四种领导类型较为常见，也是学术界研究较多的领导类型。接下来本节就对魅力型、变革型、交易型和指挥型领导概念进行回顾，这也是为介绍后英雄式领导所做出的必要铺垫。

一　魅力型领导[①]

“魅力”（charisma）一词为希腊语，意为“天赋”，这在为此类领导者披上神秘面纱的同时，也赋予了他们令人难以抗拒却又望尘莫及的强大吸引力。马克斯·韦伯（Weber，1947）曾这样描述魅力型领导（charismatic leadership）：“他们展示了一项卓越的使命或行为过程；但如果仅限于此，那些潜在的追随者根本不会为之所动；而正是因为人们坚信他们的领导者具有特殊的天赋，

① 本节内容根据刘松博（2013）改写。

所以该项使命或行为才得以进行。”

魅力是一种无形的感知，也是一种自然的流露，人们总是能够从领导者的一言一行中捕捉到“蛛丝马迹”：在不安于现状、追求自我超越中；在牺牲自我、甘心奉献中；又或者在熠熠生辉的人格品质中。领导者的魅力大体有如下三种类型。

- 超越的魅力：具有超凡魅力的领导者能够营造变革的氛围，他们勾勒出引人入胜的未来图景，并向追随者们灌输一种持久的信念，激励大众不断突破现有桎梏，超越自我。

- 风险的魅力：为了获得人们的信任，魅力型领导者甘愿以个人安危为“筹码”，以此打动人心、增强情绪共鸣。在历史上，从圣雄甘地到马丁·路德·金，他们受命于危难、置生死于度外，超凡的领袖魅力展露无遗。

- 个人的魅力：追随者尊崇魅力型领导并非臣服于权威头衔，而是因深受其知识、经验乃至决策魄力等个人特质的感召——人性中最美好的部分，总是能够扶持一个人卓然立世。

理想化的影响力（idealized influence）源于人们真正渴望的事物，人们甘心追随魅力领袖左右并非出于畏惧或是金钱利诱，而是出于爱、出于热烈的献身精神（Tucker，1970）。比如史蒂夫·乔布斯。2011 年 10 月 5 日，在被确诊罹患胰腺癌并接受手术的七年后，乔布斯与世长辞。消息传出后，悲伤的氛围一时席卷全球：从普通民众到各国演艺明星、商业精英乃至政界领袖，无不唏嘘感怀、沉痛悼念。美国总统奥巴马形容乔布斯为美国“最伟大的创新者”，联合国秘书长潘基文盛赞乔布斯的“全球影响力”。作为曾经的强劲对手，微软创始人比尔·盖茨以“能与这位对人类产生深远影响的人共事”为莫大荣耀，Facebook 创始人扎克伯格诚挚地感激了这位良师益友向所有人展示的改造世界的能力。在美国加利福尼亚州乔布斯住家外，许多苹果迷冒雨前去献上鲜花、卡片、蜡烛和苹果等，当地警方甚至得在该地区拉起警戒线以维持秩序；各地的苹果店门前更是聚集了哀伤的人群，他们不时地写下各种怀念乔布斯的字句以寄托哀思。

如此令人动容的魅力并非仅仅源于人格力量、独特个性或是标新立异的出位言行；而是通常在组织亟待变革、需要有人“临危受命”的紧急关头，由潜在的魅力领袖以及追随者的价值理念共同作用而形成。正如《孙子兵法》所言，“上下同欲，士可为之死，为之生”，从魅力型领导者身上所展现出的强烈使命感与高涨热情铺就了信任的基石，并将感染团队全体成员倾情投入、忘我奉献，进而辅佐他们成为能够引发深远影响的卓越领袖。

总体而言，魅力型领导者有着这样的特征：他们自信十足、信仰坚定，能够以身作则、树立角色榜样；他们深谙愿景的力量，敢于“造梦”并勇于“逐梦”，在传递梦想的同时运用精妙的辞令技巧将理想的价值信念根植于追随者的心底深处，触动人们的心灵和思想，并激发出强烈的情感共鸣。魅力型领导的最大优势在于他们能够凭借个人魅力将组织的愿景使命、价值信仰渲染得更加引人入胜，并为自己赢得足以“摄人心魄”的影响力。尤其是在危机四伏、波诡云谲的环境中，惶惶不安的人们近乎无条件地信任魅力领袖，这无疑将显著地提高组织变革的贯彻力度。与此同时，鼓舞人心的愿景也将帮助领导者在团队中建立紧密的情感纽带，将全体成员的价值理念协调一致，上下同心、共赴理想未来。柳传志、任正非、马云这些国内的顶级企业家都有这样的强大魅力，吸引着追随者与他们一同为企业贡献力量。

然而，对于领导者个人的强烈依赖也构成了魅力型领导的“死穴”。受到魅力型领导者的情绪感召，人们往往是下意识地自发追随，而并不经过深思熟虑。由此点燃的激情及奋斗动力固然可贵；然而，一旦理性逻辑长久“缺席”，领导者的超凡魅力也极有可能转变成为一种蛊惑人心的诅咒。例如，如果我们单从感召力的受众范围来看，希特勒绝不逊于甘地；但就在一念之差，同样强大的超凡魅力却促成了有着天壤之别的领导者。领导者将天赋的魅力滥用于私人目的，随之诞生的团队信仰也往往被虚饰美化；而面对虔诚的追随者，本质为欺骗、操纵与剥削的行径也就得到了合理的掩盖。

即使对于正面的领导魅力，也有更清晰和客观地认识它的必要性。Agle 及其合作者（2006）在综合前人研究成果的基础之上，从一个新的角度对领导魅力与组织绩效水平两者间的关系进行了探索。他们发现出色的团队绩效通常会营造出晕轮效应，从而使人们不由自主地将一些闪光的人格品质强加到组织领导人身上，即，人们对于魅力型领导的迷恋可能只是因为被领导者的过往成就所折服，而并非是领导有魅力就会对组织绩效产生促进作用。

另外，人们热爱英雄，但越是依恋，潜意识里对传奇谢幕的忧虑与恐惧就越深。随着史蒂夫·乔布斯的健康状况时好时坏，每一次坏消息的爆出都引发苹果公司股价的大幅震荡。2011 年 8 月 24 日，在一片唏嘘与惊讶声中，乔布斯宣布辞去首席执行官一职；而短短一日之间，苹果市值就蒸发 200 亿美元。人们不禁为苹果的未来捏了一把汗——尽管继任者蒂姆·库克（Timothy D. Cook）是公认的运营天才，但从 COO（首席运营官）到 CEO，从“管家”变“家长”的他是否能够在乔布斯离开后为苹果开拓一个崭新的未来？未等时间给予库克打消世人疑虑的机会，短短一个月后，乔布斯的辞世却将人们心底的不安推向了极致。带着深刻“乔布斯烙印”的苹果一如它的精神领袖一样强势而张扬，却讽刺地给其接班人留下了隐隐的脆弱之处。苹果公司目前的颓势也印证了这一隐患。事实上，早在数十年前，马克斯·韦伯就提出过类似警告：一旦充满魅力的领袖撒手离去，围绕他构建起来的组织仿若丧失灵魂力量，其活力必受重创。①

可见，英雄式领导的魅力并不见得总是人们所必需的，有时甚至是有负面作用的。② 这也就为后英雄式领导的产生奠定了基础。

二　变革型领导和交易型领导

美国政治社会学家詹姆斯·伯恩斯（James Burns）研究了许多重要的社会活动，1978 年，他在著作《领导论》中将领导分为交易型领导（transactional leadership）和变革型领导（transformational leadership）两种类型。伯恩斯认为交易型领导和变革型领导是一个连续体的两个极端。交易型领导关注自己与下属之间的交换关系；而变革型领导则与下属建立起能激发双方动力、提高道德水平的关系，他们对员工的变化和需求十分敏感，努力帮助员工发掘潜力。员工通常很尊敬和信任这样的领导，所以他们很容易受到鼓舞，同时更加努力地工作。变革型领导代表了一种领导的行为方式，存在于领导的权力、目的和意识本质的基础上。

在信息量空前膨胀的今天，层出不穷的市场需求，日新月异的技术更替、越发狭小的生存空间……无一不在预示着“安于现状”的潜在威胁。强烈的忧患意识促使越来越多的领导者身先士

① 本部分参考了布莱德·斯通、彼得·布罗斯《没有乔布斯的苹果》，《商业周刊》（中文版）2011 年第 3 期。

② 关于魅力型领导的正面和负面影响，Howell（1988）曾提出公权领导（socialized leadership）和私权领导（personalized leadership）的区分框架。对此感兴趣的读者可以参考刘军、刘小禹、刘松博（2010）的综述和分析。

卒地引领出一场场高潮迭起的创新变革。百度 CEO 李彦宏在潜意识里永远有一种“不努力就会被淘汰”的危机感，并声称“百度离破产只有 30 天”。类似的，当华为公司在 2000 年以 200 亿元的年度销售额荣登全国电子百强首位时，总裁任正非却在其著名的《华为的冬天》一文中大谈危机感和失败感，倡导全体同人居安思危，“在春天与夏天念着冬天的问题”。而面对在线教育的蓬勃发展，新东方创始人俞敏洪在 2013 年 11 月《创业家》杂志创办 5 周年现场大声宣称：“必须更换我本人的基因，同时更换整个新东方的发展基因。更换基因这个坎过不去，基本上就要死……所以我现在做好了准备，宁可在改的路上死掉，也不死在原来的基因里”。在他们看来，历史上的辉煌成就转瞬即逝，唯有当下的“危险处境”是永恒的；一旦不及时打破现状、寻求出路，就会使企业困于陈规墨守之中，再无出头之日。

如此的“不安于现状”正是变革型领导的真实写照。对于他们来说，变革不仅仅是在日趋残酷的商业竞争中谋取生存的手段；更重要的是，唯有历久弥新的变革方可为企业奔赴理想未来注入源源不断的动力，而这，也正是领导者获得魅力的来源之一。圣雄甘地曾经说过：“变革者想要获得成功，就要先成为变革的一部分。”因此，在引领团队创造变革的过程中，变革型领导者必须身先士卒、为人表率，并通过对组织愿景的共同创造和宣扬营造出积极的变革氛围；同时，他们对下属成员的需求保持着密切关注，借助真诚的鼓舞激励团队众志成城地推动组织中的适应性变革。根据阿沃利奥与巴斯等人（Avolio & Bass，1999）的研究成果，变革型领导总体上体现出了如下四项特征：领袖魅力、鼓舞性激励、智力激发以及个性化关怀。

- 领袖魅力（idealized influence）。变革型领导通常具有较强的人格魅力，他们恪守着高尚的价值理念，始终乐于伸开双臂迎接冲突，从他们身上体现出的自我牺牲精神将为他们赢得众多追随者的崇敬与信任，并进一步激励组织成员为顾全大局而把一己私利置之度外，坚定不移地将拥护变革。

• 鼓舞性激励（inspirational motivation）。放眼未来的变革型领导将充分地运用团队精神与情感诉求为成员勾勒美好蓝图，并向下属表达自己的殷切期望，真诚地邀请他们加入“逐梦”的团队，继而激励众人为实现共同的理想而倾力协作。

• 智力激发（intellectual stimulation）。引领变革的是领导者，但推动变革绝非翻手为云覆手为雨的个人权力秀。变革型领导深知，上下同心的全员参与才是组织变革的原动力。因此，他们时常借各种形式引导下属创新思维理念，并鼓励他们不断地挑战自我，从而最大限度地激发员工潜力。

4. 个性化关怀（individualized consideration）。作为指点迷津的良师益友，变革型领导者对于个体员工的成长有着莫大的裨益。他们耐心而细致地聆听每一位员工的个性化需求，并根据各人的实际情况提供针对性的指导，帮助员工沉着应对变革挑战。

作为领导学领域被分析得最多的概念之一，变革型领导也被中国学者广泛研究。中国学者还针对中国背景开发了适合本土文化的量表。李超平、时勘（2005）首先对 249 名管理者和员工开展了调查，采用开放式问卷；研究结果表明，中国的变革型领导具有八类行为或特征。两位学者编制了适用于中国国情的变革型领导问卷（Transformational Leadership Questionnaire，TLQ）。接下来，他们通过对另外回收的 431 份有效问卷进行探索性因素分析，发现变革型领导是包含四种因素的结构，包括德行垂范、领导魅力、愿景激励和个性化关怀（李超平、时勘，2005）。两位中国学者的研究结果与西方学者的四维结构比较，领导魅力和愿景激励与西方的理想化影响力和鼓舞性激励内容基本相同；在个性化关怀维度方面，从对员工自身的关怀扩展到对员工家庭和生活的关心；而德行垂范则是在中国的变革型领导的独特的维度。这四个维度经过了验证性因素分析，得到了中国本土采集的数据的支持（李超平、田宝、时勘，2006）。

从现有的研究结果来看，基本上可以断定变革型领导是对组织有很正面的影响的。领导有效性的测量包括绩效和情绪反应两个方面，绩效的测量指标包括客观绩效、主观绩效、额外努力、上级评价等；情绪主要包括员工满意度、对领导满意度、组织承诺、组织公民行为等反应。国外的一些研究发现，变革型领导的四个维度与领导有效性的相关系数在 0.19 ~ 0.91（Lowe，Kroeck & Sivasubramaniam，1996）。徐枞巍等（2009）对现有资料进行元分析后得出结论：在不同的文化环境中，变革型领导与员工工作满意度之间的关系存在差异。在东方文化下，变革型领导与员工的工作满意度之间关系更加显著。显然，这对于中国的企业管理实践有重要启示。

对于变革型领导，一些学者曾做出如下描述："富有远见卓识的变革型领导能娴熟地运用修辞及印象管理技能，在与追随者形成强烈情感纽带的基础上极大地提升众人的情绪层次；同时，变革型领导鼓励员工超越自我，他们始终引领着组织成员为实现共同梦想而坚定前行。"（Avolio & Bass，1999；Bass，1985）这其中，"愿景""超越""情感纽带"这些关键词在魅力型领导者身上同样有着鲜明的体现。那么，这两者之间究竟有着怎样的关系？是否可以将它们等同视之？

变革型领导概念比魅力型领导概念更加明确和细致，具有更强的操作性。另外变革本身是魅力的来源之一，即超越的魅力，所以从这个角度来说变革型领导应该是魅力型领导的一种，而魅力型领导未必是变革型的。哈格斯等（2004）学者发现，尽管一些学者探讨两种领导理论时存在提法上的一些差异但现实中他们的相似之处远大于相异之处，而在学术文献中，研究者要么对魅力型领导与变革型领导不加区分，要么将领袖魅力看成变革型领导的一个构成部分。他们尤其分析到变革型领导的局限：

> 变革型领导者也总是有争议的。他们几乎天生就能引起对价值观、社会所定义的“善”争论。争议的出现也可能是因为在现存制度下的既得利益者会对变革型的变革活动构成最大的阻力。这些抵制变革型领导运动的情绪层次往往与那些拥护这一运动的人有同样的强度，而这可能是导致小马丁·路德·金、约翰·肯尼迪、圣雄甘地、圣女贞德等人在暴力中牺牲的根本原因。

哈格斯等学者的分析提醒我们，变革型领导要想取得持续的成功，应该在坚持变革的同时保持一定的低姿态，并要借助普通群众的强大力量，单枪匹马的英雄主义很可能最终会遭遇巨大的失败。在一定的条件下，弱化个人英雄主义色彩可能是这些英雄式领导避免抵制的解决之道，后英雄式领导可能也会因此而产生。

需要说明的是，交易型领导往往是和变革型领导一起被研究的。具体在概念的阐述上，Bass 和 Avolio（1993）将其划分为权变报酬和例外管理两个部分，即一方面领导者会对下属承诺论功行赏、按劳给酬，另一方面也会适时地采取一系列措施规范下属言行并纠正其工作中的失误，从而确保所有的努力都指向交易的终极目标——实现组织整体与员工个人的利益双赢。例外管理又分主动例外管理与被动例外管理，前者是指领导者通过采取一系列预防性管理措施，如订立严格的规章制度来监督流程、避免意外事故的发生；后者则是指当员工确实出现工作纰漏时，领导者才会进行干预。

与魅力型领导不同，交易型领导看上去更像是“人间的领导者”。相比创设未来愿景和展现个人魅力，他们更看重执行力（executive ability），并将大部分的精力投入到眼前的事务中，例如团队的绩效水平、组织的运作效率、企业的现行秩序等。尽管在为下属设置了富有激励性的目标之后，交易型领导者也将充分地展现对于下属工作能力的信心及期待，并通过提供支持与认可来帮助他们建立自信、激发士气，但在这一过程中，大部分的激励效应来源于互惠式交易本身。

交易型领导者最大的优势在于，他们拥有强大的调控能力。维持一定的秩序固然有助于提高企业内部业务流程的效率，但另一方面，物极则必反。一旦交易型领导过分地强调秩序，则难免有“粉饰太平”的嫌疑，严重的话甚至导致企业呆板僵滞，困在发展的瓶颈期进退维谷。另外，交易的初衷是以利益作饵，将领导者与追随者的工作高效地整合起来。但如果在这场博弈中，此消彼长的力量抗衡吸引了人们过多的注意力，那么就极有可能妨碍到对于组织整体利益的关注，如此舍本逐末，将无可避免地打乱组织的现行秩序，而这则恰恰违背了交易型领导的初衷。

三　指挥型领导

指挥型领导（directive leadership）与交易型领导一样是依赖职

位权力的领导类型，交易型领导依赖的是职位权力中的奖赏权，而指挥型领导依赖的则是法定权和强制权，包括定方向、下命令、分配任务，甚至威胁和训斥下属等领导行为，其理论基础是 McGregor（1960）所提出的 X 理论（Pearce et al.，2003）。也就是说，指挥型领导相信下属往往是懒惰的、缺乏上进心的、不愿负责的，所以会采用强有力的管控机制。

其实最早追溯到法约尔和韦伯的思想，统一指挥（unitary command）原则就是领导行为的重要理论支柱，个体领导从上至下的命令和控制是领导权威的重要保障（Pearce & Manz，2005）。这样的领导可以为工作经验少、个人能力弱的员工提供明确的指示，帮助下属少走很多弯路，也可以对工作流程进行有效的把控，保证员工的工作方式是自己所需要的。但这也可能造成领导过于关注细节，对于大事小情无不操心烦力甚至替代包办，终日繁忙却经常效果不佳，也往往使得员工因缺乏锻炼而很难成长起来。有时，事无巨细的指挥有可能会打击员工的工作热情，甚至引发员工的反感情绪，形成“费力不讨好”的尴尬局面。

专门针对指挥型领导的实证研究是非常少的，很多相关文献都是将其和参与型领导或授权型领导一起来进行对比或关联研究。这也是由于 X 理论往往并不是单独成立的，Y 理论是在管理中必须要考虑到的另外一个视角。而将指挥型领导和参与型领导结合在一起，就形成了目前学术界经常讨论的“松－紧领导”模型（loose-tight leadership model），本书的第三章和第四章中将专门对此模型进行介绍。

第三章

后英雄式领导：定义、背景和分类框架

第一节　后英雄式领导的内容

从上文对几种英雄式领导的介绍可以发现，每种领导模式都有自身的问题，在一定条件下，这些问题可能会在组织中凸显从而造成严重的后果。于是，剥离了英雄主义光环，走下神坛的后英雄式领导更多地进入了公众的视野。那么，到底什么是后英雄式领导呢？

一　后英雄式领导的定义

顾名思义，后英雄式领导应该是与英雄主义相对的、摆脱了“英雄”这一标签、褪下了英雄色彩的领导模式。但是否有英雄色彩是依赖人的主观认识的，这样的定义过于模糊，需要有一个正式的学术定义。然而，正如领导概念本身一样，学术界对于后英雄式领导的定义也是存在不同意见的。Crevani，Lindgren 和 Packendorff（2007）对这些不同的界定进行了回顾，并与传统的英雄式领导进行了对比（见表3－1）。

表3－1　英雄式领导和后英雄式领导的对比

英雄式领导	后英雄式领导	支持者
单个的负责的领导；领导是有正式职位的英雄	员工们参与领导行为被认可	Collinson（2005）；Eicher（2006）；Fletcher（2004）；Huey（1994）；Knights & Willmott（1992）；Pearce & Manz（2005）；Vanderslice（1988）
下属是低人一等的，换谁都可以做的	员工们承担责任、获取知识	
所有的智慧集中于领导一人之身	领导鼓励创新和参与；决策上要团队统一意见	
领导要保持曝光度；没有领导的组织是脆弱的	领导是非必需的	
个人主义、控制、决断和号召与控制的能力对于领导而言非常重要	同理心、敏感、询问和合作的能力对于领导而言非常重要	
有效性的最重要逻辑：如何生产	有效性的最重要逻辑：如何培养人	
男性化、强势	女性化、柔性	
聚焦于人	聚焦于行为和互动	
静态的角色	动态的集体建设过程	

资料来源：转引自 Crevani，Lindgren & Packendorff，2007. p. 48。

通过以上对比可以发现后英雄式领导和英雄式领导的诸多不同。经过总结和提炼后，笔者尝试将后英雄式领导定义为可以在组织的任何层级发生的，不一定拥有正式的职位权力的，并且更多地依赖员工而非自己的个人力量的领导模式。与之相对应的英雄式领导则一定是有正式的领导职位的，并且领导者的个人力量是所在组织或团队最为看重的领导来源。这意味着，后英雄式领导可以有正式的职位，也可以没有正式的职位；后英雄式领导可以是一个人体现出的与传统英雄式领导不同的弱化了个人色彩的领导力，也可以是一群人以集体为单位共同体现出的领导力。职位的正式与否和人数的多少也会构成后英雄式领导分类框架的两个维度，这将在后面得到详细介绍。

二　后英雄式领导的具体类型

从中西方学者对于后英雄式领导的定义可以看出，广义的后英雄式领导是一个范围很宽泛的框架性（overarching）概念，领导“丛林”中的很多概念都可以被包含其中。考虑到传统的英雄式领导都是个人的领导形式，所以几乎所有的以集体为单位出现的领导形式都可以称为后英雄式领导，比如分布式领导（distributed leadership）、共享式领导（shared leadership）、集体式领导（collective leadership）、合作式领导（collaborative leadership）、复杂型领导（complexity leadership）、分散式领导（dispersed leadership）、互依型领导（interdependent leadership）、联合领导（co-Leadership）等概念。其中的代表性概念将在本书中被重点分析，也可以看成狭义的后英雄式领导。很多学者在提到 post-heroic 领导时，特指的就是这种集体式的领导模式。比如，Fletcher（2004）认为，在领导力属于谁（who）和领导力在哪里（where）的问题上，后英雄式领导聚焦于根据需要将领导的任务和职责向整个官僚系统扩散分布，包括纵向和横向；在领导力是什么（what）的问题上，后英雄式领导是存在于人际交往互动中的，并通过这些交往互动形成的一种社会过程（social process）；在领导力如何运行（how）的问题上，后英雄式领导通过一种更多平等、更少层级化的领导实践和技能，以更好地完成合作式和集体式的学习。

而以个人为单位的领导模式则需要视相应的条件来判断其是否属于后英雄式领导。首先，过于依赖正式职位权力以达成目标的领导类型应该被排除在后英雄式领导范畴外，比如独裁型领导（dictatorial leadership）、辱虐型领导（abusive leadership）、指挥型领导、交易型领导等。其次，过于依赖自身力量、英雄主义色彩过强的领导风格应该也被排除在外，比如魅力型领导、愿景型领导、变革型领导等。再次，可以将其余的领导类型中干预下属程度最低的领导类型放入后英雄式领导范畴之内。根据 Pearce，Sims 和 Cox 等学者（2003）提出的四分类模型，个体领导者对所在组织或团队的下属直接干预程度从大到小排列依次是：命令型领导、交易型领导、变革型领导和授权型领导（empowering leadership）。依照这一分类标准，授权型领导是干预程度最低的，可以算作后英雄式领导，而与之类似的民主型领导（democratic leadership）、参与型领导（Participative Leadership）等领导类型也可以被称为后英雄式领导。最后，完全不依赖职位权力，甚至没有下属，而是作为普通成员在团队中脱颖而出的非正式领导（informal leadership）或涌现型领导（emergent leadership）等类型应该也是毫无疑问的后英雄式领导。本章第三节将对以上相关领导概念的具体内容进行介绍。

还有另外的一些概念，比如道德型领导（ethical leadership）等则不太容易被放进“英雄式－后英雄式领导”概念框架之中，很难判断其到底是否为后英雄式领导，所以本书也不会对这些概念进行讨论。

第二节　后英雄式领导产生的背景[①]

后英雄式领导之所以在今天成为人们关注的焦点，并越来越

① 本节部分内容根据刘松博（2013）和刘松博、许惠龙（2012）改写。

多地引起管理实践的重视，可以说是时代发展的必然要求。

第一，环境的变化。在急剧动荡和世界一体化的大背景下，管理者所面临的外部环境越来越多变和复杂，具有相较于过去任何时代更高的不确定性，管理者的竞争压力日益增大。管理者由于只具备有限理性，他们越来越发现，自己已经没有办法只通过个人的努力工作来厘清纷乱庞杂的数据和信息，也没有办法只通过个人的权威命令对员工进行完全的控制，更没有办法只通过个人的伟大决策来引领整个团队或组织。换言之，管理者面对复杂环境的能力限制迫使其必须更加依赖下属。“救世主”单枪匹马就可以拯救和发展企业的例子越来越成为神话。而对于组织而言，过于依赖领导个人也有可能引发重大的危机。比如，前面提到的苹果公司没有了乔布斯后的表现；再比如，安然公司的成功和失败都和一个名字紧密相关——前任 CEO 肯尼斯·莱①。领导力在这样的背景下不仅仅集中于一人成为某种程度上的必然，随着他们走下神坛，英雄式领导所承担的巨大压力会得到相应的释放，组织也会获得更加持久的竞争优势和良性发展。

第二，下属的要求。从金字塔顶端自上而下的领导模式往往意味着威权和控制，员工素质的普遍提高动摇了这种领导模式的基础。知识型员工对管理者提出新的挑战，面对专业技能越来越强的员工，管理者再也不是“万能”的，而下属也有了领导和决策的能力及意愿，他们还往往比管理者更了解实际的问题和解决方案。尤其是具有专业知识的下属往往是一个组织的核心竞争力之所在，因为个人的专长常体现为隐性知识，而隐性知识是高度个体化且难以言传的。当知识和领导力不匹配时，可以选择将知

---

① 可参考《肯尼斯·莱：安然公司“邪恶 CEO”的荣辱经历》，《亚太经济时报》2004 年第 7 期。

识转移给有领导力的人，或是将领导力转移给有知识的人，考虑到专门知识转移的难度，后者的转移经常会成为企业的首选。一项对美国某城市急救中心的研究成果发现（Klein，Ziegert，Knight & Xiao，2006），具有专业能力的队员临时组成高水平的救护团队，共同实施难度很大且结果难以预料的紧急外科手术。这些责任重大的突发性外科手术关乎病人生命，需要团队成员之间的相互依赖和协调。在这样的团队中，技术和经验最丰富的医生往往主动承担协调工作，但当他认为实习医生能够处理问题时，便会放手让他们承担领导责任，独立完成手术。而当他发现实习医生遇到难以解决的困难时，他又会主动承担领导责任。在很多情况下，就连护士也会承担领导责任，成为非正式的领导。这种“动态授权”的领导过程在目前越来越普遍。基于此，微软中国甚至提出了“全员领导力”的口号，在企业界引起巨大反响①。

第三，相当的现实和理论基础。如上的现象已经成为未来不可阻挡的趋势，在很多组织中已经成为现实，在一些教育机构、高层管理团队、咨询公司或项目管理团队中，尤其是在高科技企业的研发团队中，后英雄式领导有着越来越多的表现，扁平化、跨职能团队、虚拟团队、自我管理团队等模式的兴起也为分布式领导的推广奠定了基础，后官僚组织（post-bureaucratic organization）也得到了越来越多的探讨（Heckscher，1994）。在理论界，很多新兴的领导概念都可以放到后英雄式领导的大框架下进行研究。心理学、社会学、管理学和经济学中的众多理论都可以在后英雄式领导的研究中发挥作用，从这个角度上来讲，这将是一个具有重大理论价值的学术概念。

---

① 参见李杨《微软中国：从价值观到全员领导力》，《中欧商业评论》2009 年第 4 期。

第三节　后英雄式领导的分类框架

一　分类框架的意义

后英雄式领导，尤其是狭义的后英雄式领导仍然在理论的发展初期。很多敏锐的学者对此表现出了强烈的兴趣，并且做出了大量有意义的研究，但是这些学者之间的对话并不充分和及时，导致该领域的文献中出现了五花八门的不同概念。概念之间的相互交缠和重叠使得后英雄式领导的研究看起来混乱无序，很难对以不同概念为基础做出的研究发现进行比较，对于积累相关知识和重现相关研究形成了障碍。这种现状也使得读者接受起来较为困难，无法形成推广的合力，削弱了学术界对于实践的影响。

显然，这种混乱的局面对于后英雄式领导的进一步发展是有阻碍的，未来的相关研究需要一个更清晰和牢固的对话平台。现在需要做的并不是力图分辨各个概念之间的细微区别，这不但不可行，而且没有必要。本书希望能够识别这些概念的大概关系和在后英雄式领导这一疆域“版图”中的位置，即建立一个理论上的分类框架，并通过这一框架明确相应概念的边界和指向，从而将现有的研究整合起来，为学者们更好地取舍使用这些概念设定标准，也为读者们更准确地了解该领域的研究提供帮助。

由于后英雄式领导所包含的概念众多，本书可能无法涵盖所有的相关概念，但是会将这一领域中引用较多的概念包括进来。本节还要做的一个工作是，回顾主流的领导学和管理学最权威学术期刊，统计在这些期刊中，笔者所提出的理论框架中不同后英雄式领导概念出现的频次，希望明确哪些是更得到公认的、更有影响力的学术概念，为未来的研究提供借鉴。

二 分类框架的两个维度和四个象限

根据本章第一节中的定义，笔者认为后英雄式领导是根据领导的人数和领导职位的正式与否这两个维度所形成的一个连续统一体（continuum）。在这个连续体的一端，是传统的个体领导，他们淡化了英雄的光环，愿意通过去个人化的行为来影响他人，比如授权、委托，或者是联合决策。在 Crevani 等（2007）论述后英雄式领导的文章中，他们对这种个体的后英雄式领导也进行了分类，即：第一，领导希望其他人能够承担责任和获得知识（授权，empowerment）；第二，鼓励创新和参与，哪怕在不确定的环境下（承担风险，risk taking）；第三，寻求建议并力图在决策制定中达成统一意见（参与，participation）；第四，希望他人成长和学习，哪怕自己的领导作用变得可有可无（开发，development）。本书不再对此四类进行细致的阐述，但希望借助 Crevani 等（2007）的研究能够明确，虽然授权型领导、参与型领导和超级领导（super leadership）等概念是以个人为单位的、拥有正式职位的、从上往下的领导，但不同于传统的英雄式领导，他们可以被算作后英雄式领导。当然，这只是最低程度的后英雄式领导。

在这个连续体的另外一端，是以集体为单位的、拥有非正式职位的、由普通员工担任的领导模式，学术上经常用类似于集体式领导、共享式领导或分布式领导这样的概念来表示。Fletcher（2004）直接将这些概念等同于后英雄式领导，也就是本书所说的狭义的后英雄式领导。而从广义上看，这些概念应该属于后英雄式领导中程度最高的类型。Fletcher 和 Käufer（2003）以及 Fletcher（2004）根据相关文献总结出了这种集体式领导的三个特点。

第一，作为一种实践，集体式领导是共享的（shared）和分布的

(distributed)。这意味着领导力从只集中于个人精英转向集体成就、社会网络、团队工作和共享责任，为了能够在一个相互依赖的环境中顺畅工作，每个人都应该掌握建立关系的技能。第二，作为一种社会过程，集体式领导是聚焦于互动的，这使得领导力被视为合作的和流动的，其影响的方向可以从上往下、从下往上，或者横向。第三，作为一种学习的方式，集体式领导可以促进相互的学习行为和彼此的了解，促进组织和个人的成长，从而带来积极的行为和效果。

其他后英雄式领导概念处于这两个端点之间，并与这两个端点的领导概念共同构成了后英雄式领导概念的大家庭。上述两个维度相互组合可以生成四个象限，我们就可以得到一个比上述连续统一体更加精确和生动的分类框架。从数量上看，领导可以是一个，也可以多于一个；从职位的正式与否来看，领导可以是由组织正式任命的，也可以不完全是任命的。需要指出，所说的“不完全是任命的”，指的是在这种领导模式下，所有领导都可能是非正式的，即从组织的非正式过程中涌现（emerge）出来的，但也存在只有部分领导可能是非正式的情况。毕竟，即便领导是分布的或者是共享的，也不能否认其中会存在正式的领导，只是在这种情况下，非正式（informal）往往是学术界更为关注的。图3－1以更为形象的方式展现出了这一分类框架。

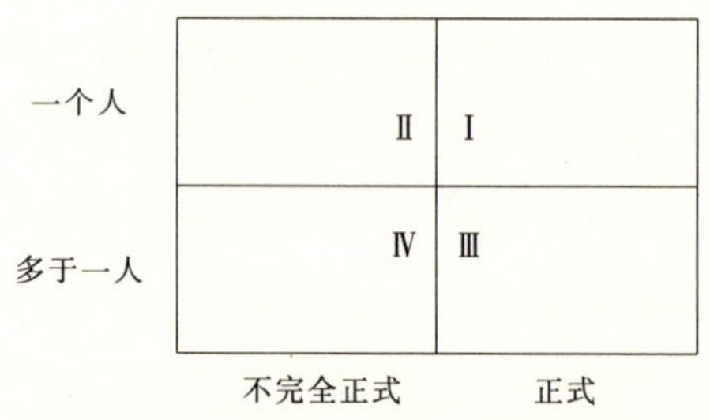

图3－1　后英雄式领导的分类框架

这四个象限分别包括了部分领导的类型。必须说明的是，这些领导类型之间往往并非泾渭分明、边界清晰。有些概念相互重叠，导致同一种领导现象可能会有不同的概念来描述；有些概念内涵不清，导致同一个概念可能会被用来描述不同的领导现象。这表明了后英雄式领导领域的蓬勃发展态势，但也印证了该领域目前的混乱。读者会在接下来的介绍中看到，程度最高的后英雄式领导类型，混乱的程度也最高，本书也就会投入篇幅来进行着重分析。下面的四小节分别会列出每个象限中的领导类型，主要是描述相应领导概念的代表性定义，对于其中的重点概念，笔者会做相应的展开介绍。

三　第一象限：一个人 + 正式

这个象限中是最接近传统领导风格的后英雄式领导类型。本章第一节曾介绍了以个人为单位的领导模式中所应包括的后英雄领导概念的分类依据，据此分类依据，笔者将授权型领导、参与型领导、民主型领导和超级领导（super leadership）划为拥有正式领导职位的个体的后英雄式领导类型，其定义分别如表 3 - 2 所示。

表 3 - 2　第一象限中领导概念的代表性定义

领导概念	定　　义
授权型领导（empowering leadership）	授权型领导是这样一种领导，他们强调工作的重要性、提供参与决策的机会、传递给下属对于绩效的信心，并且打破官僚主义的桎梏（Ahearne，Mathieu & Rapp，2005） 我们将授权型领导定义为权力被下属分享，并且会提高下属的内部动机的领导行为（Srivastava，Bartol & Locke，2006）
参与型领导（participative leadership）	参与型领导试图提高下属的参与度，推动权力平等，在制定决策前征询下属的意见，共享问题解决方案（Bass & Stogdill，1990） 参与型领导就是联合决策，或者至少在决策制定时，上级和下属之间有相互的影响力（Koopman & Wierdsman，1998）

续表

领导概念	定　　义
民主型领导（democratic leadership）	民主型领导通过基本的民主原则来影响下属，比如自我决定、包容、平等参与和沉着……它被定义为三种表现：①在成员间分配责任；②授权给他人；③促进团队的决策过程……Kurt Lewin 等研究者（Lewin & Lippitt，1938；Lewin，Lippitt & White，1939；White & Lippitt，1960）提供了一个关于民主型领导的经典定义，他们认为将民主型领导和独裁型领导区分开来的是如下的四个特点：依靠团队决策、主动让团队成员参与、真诚的赞美和批评、一定程度的同志友谊（Gastil，1994）
超级领导（superleadership）	最适合的领导就是那些能引导下属去领导他们自己的人。我们将这种新的强有力的领导类型称为“超级领导”（Manz & Sims，1991） 在超级领导模式下，下属被激励去领导他们自己……领导是一个催化剂，培养和激励下属去开发独特的创新性的技能（Manz & Sims，1989）

表 3－2 所列的四个领导概念中，前三种都有决策参与和授权的成分在，属于内涵重叠的概念，在很多文献中，这些概念都是可以互换的（interchangeable）。举例来讲，在 Huang，Shi，Zhang 和 Cheung（2006）关于参与型领导的研究中，对于参与型领导的测量采用的是由 Arnold，Arad，Rhoades 和 Drasgow（2000）所开发出来的授权型领导量表，而在 Woods（2004）对于民主型领导的讨论中，则引用了 Keyes，Hanley-Maxwell 和 Capper（1999）关于授权型领导的研究，类似的现象不胜枚举。

如果一定要对三个概念进行区分，可以看到，参与型领导更多强调的是鼓励员工积极地参与到决策过程中，利用群策群力的团队力量帮助自己审时度势、全面地看待问题，并借此获得决策的支持与认同以促进接下来的政策落实。国内学者张燕、王辉和陈昭全（2006）基于 Conger 和 Kanungo（1988）的观点，认为 empowering 的重点不仅仅是在形式上的授权，更重要的是如何在这一过程中提高下属员工的自我效能感（self efficacy），使之具备较强的工作能力来接受授权，因此他们以“授权赋能型领导”表述 empowering leadership，扩展了领导授权的内涵，并与参与型领导区分开来。这是因为，在决策参与的过程中，不仅需要上下级之间的协调与沟通，参与成员的能力素养也将起到极为重要的作用。因此，真正意义上的授权既是指领导者在主观上的授予决策权，同时也意味着员工们要具备一定的“受权”能力，即具备积极的意愿以及自主决策能力来接受权力、承担职责，进而将员工授权从以“激励”“集智”为初衷的管理手段提升为开发员工领导潜能的赋能型领导艺术。民主型领导的不同则在于它更多突出了政治角度上的民主原则（Woods，2004）。

超级领导虽然经常出现，但其实研究者并不多，只是少数几个活跃的学者在推广这个概念。它强调了领导者对于下属的特殊影响，即帮助下属成为自我领导者，因此会较前三种领导的下属干预程度有所提高。之所以将其也列为后英雄式领导，是因为超级领导其实在学术界是很少被单独研究的，其身份往往是在下个象限中的自我领导（self-leadership）的前因变量。由于下属可以自我领导，显然领导力在组织或团队中是分布的，超级领导的英雄色彩也就大为减弱。Manz 和 Sims（1991）甚至写了一篇文章，题目叫作《超级领导：超越英雄式领导的神秘》（Superleadership：Beyond the Myth of Heroic Leadership），这也成为本书将超级领导划为后英雄式领导的理由之一。

描述这一象限的难点在于有些个人领导的概念是否应该被放在后英雄式领导中。比如公仆型领导（servant leadership）以及与之相类似的催化型领导（facilitative leadership）、生成型领导（generative leadership）和伙伴型领导（fellowship leadership）等。以公仆型领导为例，其定义为：在领导者个人利益之上的一种领导模式，对下属体现出极大的尊重，其首要任务是服务下属，从而满足下属的各方面需要（孙健敏、王碧英，2010）。应该说，这种领导也主动将自己放在了“神坛”之下的位置，淡化了自己的英雄色彩。然而，从这一概念的内涵来看，公仆式领导所包含的结构和内容还是比较复杂的，比如在 Dennis 和 Bocarnea（2005）的五因子模型中，包括“愿景激励”这样典型的英雄式领导的行为；而在 Barbuto 和 Wheeler（2006）的五因子模型中，则包括如“说服引导”这样干预程度较强的做法。基于此，笔者并没有简单地将之放在后英雄式领导的框架中，而是视其为英雄式和后英雄式的一个结合，而这种结合可能往往更符合管理的实际情况：一方面，领导成为员工迷茫时的灯塔，下属有明确的“主心骨”，容易形成合力，可以更加坚定和团结；另一方面，领导力向下分布，员工之间相互影响，自我管理，容易成长提高，可以更加积极和灵敏。比如指挥型和参与型领导的结合，二者取彼之长，补己之短，形成了以色列学者 Sagie（1997）建立的一种基于弹性指挥的“松 - 紧”领导模型（loose-tight leadership model）。虽然这种领导模式不是单纯的后英雄式领导，但更符合个人的拥有正式职位的后英雄式领导实践形式，笔者将在后文中重点介绍这个概念。

四　第二象限：一个人 + 不完全正式

在这个象限中，有三个概念被识别出来，即涌现型领导、非正式领导和自我领导，其定义分别如表 3 - 3 所示。

表 3-3　第二象限中领导概念的代表性定义

领导概念	定　　义
涌现型领导（emergent leadership）	领导涌现是社会互动的结果，在这个互动中会形成如下的共识：群体中出现一个个体，他/她比其他个体在带领该群体达成目标方面更有效果……由于他们具有主动性、互动性，对群体有贡献，涌现型领导可以为促进目标的实现创造条件，可以提高成员的自由度和被接受程度，并促进团队的团结（Bass & Stogdill，1990）。涌现型领导就是作为个体，在无领导群体（比如自治工作团队、非正式会议和社会网等）中承担领导职责的人（Kickul & Neuman，2000）
非正式领导（informal leadership）	非正式领导就是团队中某个成员在把握方向、激励他人和完成任务方面的影响力超过其他团队成员（Zhang，Waldman & Wang，2012）
自我领导（self-leadership）	自我领导就是既能够引导自己完成本质上具备激励性的工作，也能引导自己完成不得不做但本质上并不具备激励性的工作（Manz，1986） 自我领导是这样一种个人层面上的过程，通过这一过程，人们自我影响以控制自己的行为和思想（D'Intino，Goldsby，Houghton & Neck，2007）

涌现型领导作为学术概念其实并不年轻，最早由 Hollander 在 1961 年提出，但至今仍然是一个热门的研究课题，它和非正式领导一样，都是毫无争议的有非正式管理岗位的领导。从现有的相关文献来看，非正式领导和涌现型领导的定义和内涵是一致的，指的是同一种领导形式。就文献中出现的频率而言，当强调正式领导的地位时，非正式领导一词出现的频率较多，而在自我管理团队和虚拟团队等本身无正式领导的组织形式中，涌现型领导一词则出现得较为频繁。也有部分学者在文献中将这两个词混合使用（如 Pescosolido，2002；Zhang，Waldman & Wang，2012）。总的来说，现有的文献普遍认同"非正式领导的涌现"（informal leadership emergence）这一说法。在本书中，笔者也不对这两个概念进行区分。

自我领导经常是与上个象限中的超级领导作为因果关系匹配出现的。虽然正式领导也有可能是自我领导，但这个概念基本上还是指向非正式的领导。这种领导力存在于自身内部的思想是对以往领导力来自外部的传统领导学理念的一大突破。

五　第三象限：多于一人 + 正式

联合领导是这个象限中的代表性概念，笔者对其的定义如表 3 – 4 所示。

表 3 – 4　第三象限中领导概念的定义

领导概念	定　　义
联合领导（Co – leadership）	两个或两个以上的人共同承担领导角色

正如这个定义所描述的，联合领导可以是两个人（Heenan & Bennis，1999），也可以多于两个人（Sally，2002）。在文献中，前者往往指的是 CEO 和 COO，或者是其他最高职位的两个领导；后者则往往是一个高层管理团队。Pearce 和 Conger（2003）发现，早期的联合领导文献主要围绕群体治疗（group therapy）这一背景，两个最高领导往往是导师和学员之间的关系（mentor-protégé relationship）。近些年的相关研究则不局限于此了。

这一象限中只识别出一个概念，看起来这是一个比较特殊的象限，似乎关注的学者很少。其实，探讨多人正式领导模式的文献非常多，只是往往并不是用领导学的概念去探讨的，而是将其放在高层管理团队（Top Management Team，TMT）的背景之中的。关于高层管理团队的研究是管理学中的主流和热门课题，经过多年的发展已经非常成熟和细致，内容涵盖也非常广泛。TMT 的基础理论——高层梯队理论（upper echelons theory）的创始人 Hambrick（1994）认为高层管理团队包括三个方面：团队组成、团队结构与团队过程。本书之所以将TMT纳入后英雄式领导范畴内讨论，是因为多人共同承担领导角色的模式中，非常值得关注的就是领导之间的互动关系，而这就是高管团队的第三个方面——团队过程的视角。

在TMT领域，有三个主要的学派对此进行了深入的探讨。一个学派是以Eisenhardt为代表的复杂决策过程学派。Eisenhardt和其合作者（如Bourgeois & Eisenhardt，1988；Eisenhardt，1989；Eisenhardt，Kahwajy & Bourgeois，1997）运用复杂理论分析了TMT团队成员之间在决策指定过程中的互动关系。一个学派是以Amason为代表的冲突学派。Amason及其合作者将高管团队的冲突区分为认知冲突和情绪冲突两类，并进行了深入的分析（Amason，1996；Amason，Schweiger，1994；Amason & Sapienza，1997）。另一个学派是行为整合学派（如Hambrick，1994；Simsek，Veiga，Lubatkin & Dino，2005；Carmeli & Schaubroeck，2006；Carmeli，2008；Carmeli & Halevi，2009）。Simsek等（2005）还编制了高管团队行为整合的量表，极大地推进了这一领域的发展。

在Simsek等（2005）编制的量表中，行为整合具有三个维度：信息交换、合作行为和共同决策。其中，共同决策其实与前面提到的参与型领导所倡导的决策参与是一个意思。Pearce和Conger（2003b）把共同决策或参与决策视为本书后面将要提到的关键概念——共享型领导的理论基础。可见，不论对于正式的，还对于非正式的领导，共同决策都是后英雄式领导模式的一个重要表现。

另外，在西方管理学界，集体式领导（collective leadership）虽然主要是用来描述多人非正式领导的现象，但是Friedrich等学者（2009）特别强调了这个概念既可以用在非正式，也可以用在正式的背景之下。所以 collective leadership 也可以描述这一象限中的领导模式。其实，中国学者对正式的集体领导模式十分关注，这与中国在政府和国有企业中强调“集体领导”的实践紧密相关。在中文语境中，集体领导概念往往用于拥有正式领导岗位的多人领导模式。胡鞍钢的新作《中国集体领导体制》对我国多人共同领导的政党体制进行了介绍和分析，其英文的翻译也选用的是 collective leadership。考虑到集体式领导更适合“不完全正式”这一界定，所以将被划分到下一个象限中。

必须承认的是，中西方学术界其实对于正式职位的 collective leadership 的严谨研究并不多，这也是因为相关的思考和讨论基本上被放到了高层管理团队的研究之中，基于此，本书将在下一章对高层管理团队行为整合的相关研究发展和现状进行介绍。

六　第四象限：多于一人 + 不完全正式

作为一个新兴的学术领域，这一象限是后英雄式领导概念丛林中概念最多，也最为混乱的。虽然最早的探索来自 20 世纪 20 年代（Follett 提出共享式领导概念），或者 50 年代（Gibbs 提出分布式领导概念），但真正的相关学术研究其实开始于 90 年代中期。Conger 和 Pearce（2003a）把在这个领域中探索的学者称为“学术创业家”（scholar entrepreneurs），他们独立地或者同时创造并发展出五花八门的学术概念，并留下了不少未解的问题。表 3－5 对这一领域中近些年在主流学术期刊上出现过的相关概念及其代表性定义整理如下。

表 3－5 第四象限中领导概念的代表性定义

领导概念	定　　义
集体式领导（collective leadership）	团队中的多个人可以共同以正式的或非正式的方式来担任领导者……这种领导模式可以有效地根据面对的情况或问题把领导角色的要素分配下去（Friedrich et al.，2009）
共享式领导（shared leadership）	共享式领导是一种团队的特点，在这种团队中，领导力的影响分布于多个团队成员之间（Carson，Tesluk & Marrone，2007） 共享式领导是一种团队的过程，在这一过程中，领导力的实现是通过团队整体，而非某个被指定的个人……按照 Pearce（2004）的说法，共享式领导是一个团队成员相互同时影响的过程，在这一过程中，正式的或者非正式的领导会“连续涌现”出来（Ensley，Hmieleski & Pearce，2006）
分布式领导（distributed leadership）	从数量上看，分布式领导意味着领导力分散在组织中的一些、很多甚至所有的成员之间；从行为上看，分布式领导是一个单位中的整体行为，而非个体行为的简单加总。这一整体性至少要有三种表现形式：自发的合作、直觉般的工作关系和制度化的实践（Gronn，2002） 领导行为横跨不同人员和情境的分布状态，人们角色互补，在互动中形成控制力的网络模式（Timperley，2005） 领导力共享的和分布的现象，在其中可以出现（正式任命的和/或者涌现出的）多个领导（Mehra，2006）
分散式领导（dispersed leadership）	根据 Bryman（1996）的观点，分散式领导的出现是对当今组织权力传递限制的回应……通过领导技能和责任传递给低层次员工来促进授权（Gordon，2002）
互依型领导（interdependent leadership）	互依型领导的文化和实践是建立在这样的假设基础上的，即领导力是一种集体的行为，需要相互的询问和持续的学习。这个假设可以引导组织中的工作模式充分利用如下的三种方法：①合作，相互的影响，最大化决策和问题解决的系统有效性；②对话，找到差异并管理冲突；③实验和变革，将个体和集体的学习最优化。这个互依型的系统还包括推倒权威，尊重差异，缓解组织的压力，共同建立解决方案等（McCauley et al.，2008）
合作式领导（collaborative leadership）	等同于分布式领导或者共享式领导（James，Mann & Creasy，2007） 合作式领导需要组织中所有层级在不同的决策过程中都在领导力和决策制定方面有真正的参与（Raelin，2006） 在合作系统中的领导是一种今天还比较少见的领导模式，因此需要摒弃家长式的信号和态度，领导和下属之间的关系应转向一种类似于兄弟姐妹的同事关系（Maccoby & Heckscher，2006）

续表

领导概念	定　　义
同辈领导（peer leadership）	领导力可以是从上往下的指挥型，也可以是平等的相互型（后者就是同辈领导），也就是说，一个团队所需要的支持可能是一个被正式制定的领导提供的，或者可能是团队成员相互提供的，或者是二者皆有；团队的目标可能是正式的领导强调的，也可能成员相互强调的，或者是二者皆有。类似的，工作的促进和互动的促进都存在上述的情况（Bowers & Seashore，1966）
横向领导（lateral leadership）	横向领导的核心要素在于创造共同的理解，改变权力的游戏和生成信任……这些进程经常发生在非正式的环境下……从而营造出没有清晰权力结构的合作性的组织（Kuhl，Schnelle & Tillmann，2005）
多人领导（pluralistic leadership）	在大多情况下，组织中的领导力是被不同的人运行的，这就是多人领导（Waldersee，simmons & Eagleson，1995）
适应性领导（adaptive leadership）	适应性领导指的是发生在贯穿于整个组织的、涌现的、非正式的适应性动态系统中的领导力……并不是来自权威的行动（Uhl-Bien，Marion & McKelvey，2007）
使能型领导（enabling leadership）	使能型领导为复杂适应性系统创造条件，在这一系统中，可以将创造性地解决问题，提高适应能力以及将学习最优化……这可以发生在组织中的所有层次中，但这个角色会根据层次和职位有所变化……中层经理经常从事使能性的活动，因为它们获得资源的通道比较顺畅，并且直接面对生产层。当然，使能型领导可以发生在任何地方（Uhl-Bien，Marion & McKelvey，2007）
整合型领导（integrative leadership）	整合型领导是领导力的整合框架，适用于"没人说了算"的情况，权力是在不同的组织中分布的（Silvia & McGuire，2010） 整合型领导将不同的群体或组织以半永久的方式联系在一起，跨越部门间的限制，可以解决复杂的公共管理问题，满足公共利益……权力可以被不同的组织共享（Crosby & Bryson，2010）

上述概念虽然大体指向的都是同样的领导模式和现象，但有些概念在学术研究上还是具有一定的使用边界。比如，整合型领导往往是被用在公共管理文献中，具有跨边界的视角，有时领导者指的是组织而非人。①

① 2010年的 *Leadership Quarterly*（Vol. 21，Issue，2）曾经对这个概念进行过专刊介绍，当期既有理论文章，也有实证文章，感兴趣的读者可以自行阅读。

适应性领导和使能型领导是复杂领导理论（complexity leadership theory）框架下的两种领导类型（Hannah，Uhl-Bien，Avolio & Cavarretta，2009；Uhl-Bien & Marion，2009；Uhl-Bien，Marion & McKelvey，2007）。基于复杂科学，复杂领导理论提出了一个系统的领导力模型，在这个模型中，管理领导力（administrative leadership）代表着传统的官僚式领导，适应性领导则是非正式地涌现出来的领导，使能型领导居于二者之间，在功能上承担着催化剂的作用。从定义上看，适应性和使能型领导符合本书界定的后英雄式领导框架，只不过是从复杂科学衍生出来的交叉学科，除了开创性和代表性学者 Uhl-Bien 和她的合作者，专门从事这个领域领导力研究的学者并不多。

集体式领导、共享式领导、分布式领导、分散式领导、互依型领导、合作式领导、同辈领导、横向领导和多人领导是高度重叠的，在使用上也往往不分彼此。如前文所说，笔者并无意对这些细微的区别进行分辨。从字面意义理解，笔者将集体式领导看成包括所有这些概念的大“标签”，在广义上甚至包括第三象限的概念（Friedrich et al.，2009），而在狭义上，Fletcher（2004）认为集体式领导等同于共享式领导或者分布式领导。未来的学者在这些纷繁复杂的概念中，到底该使用哪个概念继续研究，可以参考现有相关研究中这些概念是出现在哪些期刊上，以及其出现的频率是怎样的。除了这一象限外，了解另外三个象限的概念在权威期刊上所出现的频率也有助于读者更清晰地掌握后英雄式领导的研究现状。在下一节中，笔者就进行了这样的频次统计工作。

第四节　频次统计与分析

这项统计工作是在 2014 年的 2 月初进行的。首先，笔者依据当时 ISI Web of Knowledge 的官方资料，找到了管理学领域最近五年影响因子最高的 10 本期刊，并确定了其中或多或少涉足领导学研究的 7 本期刊，分别是（括号中是最近五年的影响因子）：*Academy of Management Review*（11.578），*Academy of Management Journal*（10.031），*Journal of Management*（7.754），*Administrative Science Quarterly*（7.693），*Journal of Applied Psychology*（7.313），*Academy of Management Annals*（7.030）和 *Personnel Psychology*（6.045）。这 7 本期刊是所有管理学和领导学研究者心目中的圣殿，文章能够被这些顶级期刊收录是非常困难的，所以，在这些期刊中出现的频次不可能很高，每增加一个数字其实都表示这一领域取得了重大突破，代表了主流管理学界的认可。其次，*Leadership Quarterly* 也被纳入统计之中，这是因为该期刊是公认的最有影响的领导学专业期刊，其中的文章代表着领导学领域的研究焦点和方向。最后，为了解国内学术界的相关研究进展，笔者还对“中国期刊全文数据库”中的文献进行了统计。

笔者采用的是在题目中搜索分类框架中后英雄式领导概念的方法，文献类型限定为“学术期刊”。这一方法可能并不是十分精确，因为有些文章可能研究了相关概念，但并没有体现在题目中。但考虑到搜索摘要和全文可能会造成重复累加，或者可能会造成错误累加（如将某些只是提到了相关概念，但并没有进行实质研究的文章包括进来），而通过文章的题目已经可以大概判断这一领域的研究现状，为未来的研究提供借鉴，所以还是坚持了这样的做法。另外，为了掌握该领域的研究走向和最新发展，笔者还特别统计了过去的 8 年（2006 ~ 2013 年）时间里相关概念出现的频次。为了不遗漏重要文献，在统计中，笔者尽量全面地考虑到了相关概念可能的变形，比如，对于所有的“领导”一词，笔者尝试了搜索词为 leadership，也尝试了搜索词为 leader 或 leaders。对于涌现型领导，笔者尝试了 emergent leadership（leader [s]），也尝试了 leadership（leader [s]）emergence。对于高层管理团队，则尝试了 top management team 和 TMT。对于松 - 紧领导，笔者既搜索了题目中同时出现 loose 和 tight 的领导学领域文章，也搜索了同时出现 participative 和 directive（directiveness）的文章。在中文数据库的搜索中，以“授权型领导”这样的概念为例，笔者还搜索了“授权领导”“授权式领导”等变形的提法。在搜索“高层管理团队”时，还尝试了“高管团队”这样的简称，事实证明中国学者更喜欢使用“高管团队”的简称方式。尽管考虑到了多种变形，可仍然难以精确地包括进来所有的相关文章，不过相信这样的统计已经可以说明这些概念在学术研究中的大致地位。具体的统计数字如表 3 - 6 所示。

表 3 - 6　后英雄式领导概念在学术期刊中出现的频次统计

概念	ABI/INFORM 数据库（all / last 8 years）	7 本顶级期刊（all / last 8 years）	*Leadership Quarterly*（all / last 8 years）	中国期刊全文数据库（all / last 8 years）
领导	15025/7641	748/213	673/440	70223/28296
授权型领导	34/29	5/5	3/3	10/10
参与型领导 （松 - 紧领导）	22/13 6/4	2/0 2/2	0/0 0/0	5/5 2/1
民主型领导	23/12	0/0	0/0	3/2
超级领导	9/0	0/0	0/0	4/3
涌现型领导 （领导涌现）	17/2 15/6	5/1 3/1	4/3 5/3	1/1 0/0
非正式领导	3/2	1/1	1/1	5/2
自我领导	55/30	3/1	0/0	19/19
联合领导	3/1	0/0	0/0	0/0

续表

概念	ABI/INFORM 数据库（all / last 8 years）	7 本顶级期刊（all / last 8 years）	*Leadership Quarterly*（all / last 8 years）	中国期刊全文数据库（all / last 8 years）
高层管理团队（TMT）	238/143	32/11	6/5	536/509
高层管理团队（TMT）+冲突	5/1	1/0	0/0	48/45
高层管理团队（TMT）+行为整合	6/5	2/1	3/3	11/11
集体式领导	11/10	1/0	3/3	197/51
共享式领导	61/41	2/1	5/5	25/25
分布式领导	32/24	0/0	4/3	27/25
分散式领导	2/1	0/0	0/0	0/0
互依型领导	1/1	0/0	0/0	0/0
合作式领导	23/12	0/0	1/1	1/1
同辈领导	2/1	0/0	0/0	0/0
横向领导	1/0	1/0	0/0	0/0
多人领导	1/0	1/0	0/0	0/0
适应性领导	12/9	1/1	0/0	4/3
使能型领导	3/3	0/0	0/0	0/0
复杂领导	6/6	1/1	2/2	3/3
整合型领导	7/5	0/0	4/4	0/0
后英雄式领导	3/1	0/0	1/0	0/0

根据频次统计数据，第一象限的概念中，授权型领导、参与型领导和民主型领导都是传统的热门概念。相比较而言，授权型领导和参与型领导更加得到顶级期刊和领导学专业期刊的认可。近些年学者更多使用授权型领导这一概念，中国学者最喜欢用的也是这个概念。前面介绍过，超级领导是第二象限中自我领导的

前因变量，在早年尤其活跃，但是顶级学术期刊和领导学专业期刊都没有将之作为核心变量研究的文章。作为参与型领导与指挥型领导的结合，松－紧领导虽然并非纯粹的后英雄式领导，但可以视为从英雄式向后英雄式的过渡领导模式，也可以作为后英雄式领导家族的一个成员，笔者对这个特殊的概念进行了统计。数据表明，松－紧领导概念已经被顶级期刊认可，在国内学术界也出现了追随者。

前文提到，第二象限中的涌现型领导和非正式领导是高度重叠的两个概念，这两个概念虽然在英文数据库中出现的频次总体上不如自我领导多，却是管理学顶级期刊和领导学专业期刊的“常客”，说明学界对于这两个概念的重视。我国学者对自我领导热情很高，却对西方流行的涌现型领导和非正式领导不甚关心，这也反映出目前国内学术界在这个领域存在短板。

虽然高层管理团队（TMT）不是严格的领导学概念，但是为第三象限的多人正式领导模式提供了土壤，并且其中关于团队成员间关系的研究正是领导学的研究视角，所以笔者还是对其进行了统计。统计结果显示，中西方对于高层管理团队的研究是非常兴盛的，这也直接导致了描述同类现象的领导学概念的缺乏和相应研究的缺乏（关于联合领导的研究屈指可数）。尤其作为专业领导学期刊的 *Leadership Quarterly* 中有 6 篇关于高层管理团队的文章，并且其中 5 篇集中在近 8 年，这印证了高层管理团队也是领导学领域关注的焦点，并且越来越引起领导学研究者的重视。前面介绍了 TMT 研究中有三个学派是关注成员间关系的，笔者对其中关键词明显的冲突学派和行为整合学派进行了频次统计。统计结果表明，二者都得到了主流期刊的关注，但行为整合研究在最近 8 年更加受到重视，尤其是领导学专业期刊的重视。

其实严格来讲，有一部分关于集体式领导的研究对象是第三象限的领导模式。Friedrich 等（2009）所归纳的含有 55 个初步假设的集体式领导理论模型就同时包括了第三和第四象限的领导模式。尤其在中文文献中，这 197 篇的绝大多数是关于党和政府中的正式集体领导制，符合定义中的集体式领导（collective leadership）概念，可以看成中国党政领域中领导研究的特色之一。不过考虑到集体领导的定义大多强调同时包括正式和非正式两种类型，符合“不完全正式”的维度，所以本书还是将其放在第四象限。集体式领导在英文数据库中出现的次数还是比较频繁的，但是在第四象限中，频次最高的还是共享式和分布式领导这两个概念，均超过了 30 次。虽然合作型领导也超过了 20 次，但是顶级期刊和领导学专业期刊并没有认可这个概念。在后文中，共享式领导和分布式领导将会被详细阐述。第四象限中的其他概念则明显频次较少或很少，没有形成研究的大气候。不过这里面值得关注的是复杂式领导，已经得到了领导学专业期刊的关注，国内学者也正在积极探索这一概念，有希望在不久的未来成为一个活跃的领域。适应性领导这个概念之所以作为复杂领导的一个类型，频次还超过了复杂领导，是因为有些学者并不是在复杂领导理论领域来使用这个概念的，哈佛大学的 Heifetz 很早在其教学和科研中就使用了这一概念，并在 2009 年还与其合作者发表了关于适应性领导的专著（Heifetz，Grashow & Linsky，2009）。另外，整合型领导最近几年得到了领导学专业期刊的关注，作为一种比较特殊的领导模式，可能会吸引更多的领导学学者投身其中。

这些统计数字只是根据出现在期刊数据库中的文献得到的，其实还有一些著作可以视为一些概念的研究前沿，比如 Pearce 和 Conger（2003a）关于共享式领导，Spillane 和 Diamond（2007）关于分布式领导，以及 Uhl-Bien 和 Marion（2008）关于复杂领导的专著等都是相应领域的重要进展，而这些是通过上述数字无法看到的。

后英雄式领导的研究还在初级阶段，这种不同概念并存的状态还会持续，相信还会有其他新概念涌现出来。本章的分类框架和频次统计至少为这一领域的现状建立起来一幅大概的图景，下一章将通过综述的方式对每一个象限中典型概念的研究发展进行细致的介绍。

第四章

部分后英雄式领导概念及其研究进展

由于后英雄式领导家族的概念众多，很难对其中的每一个概念都展开介绍，考虑到同一个象限中的概念多有重叠和交叉，本章将从每个象限中找出代表性的概念进行文献综述，从而折射出这个象限的研究现状。有些重点的概念，已经存在系统的综述类介绍性文章，读者可以通过现有的文献了解这些概念，本书就不再对这些概念做过多的阐述了，而是把焦点放在很难在国内甚至国外学术界找到相关综述的代表性概念上。

第一节　松－紧式领导概念及其研究进展：第一象限[①]

一　第一象限在分类框架中的地位

在本书所提出的后英雄式领导分类框架的四个象限中，第一

① 本节部分内容改写自刘松博、戴玲玲、李育辉（2013）。

象限是整个框架的逻辑起点：如果正式的领导不是授权型的或者决策参与型的，那么后面三个象限的“故事”就不会发生。

在第二象限中，自我领导基本上总是和第一象限中的超级领导成对出现的，这两个概念的开创性学者 Manz 和 Sims（1987）从一开始就把自我领导看成超级领导的结果。第二象限中的涌现型领导和非正式领导也可以从第一象限中找到“催化剂”，授权类的概念经常与之建立联系，比如 empowerment（Druskat & Wheeler，2003）和 delegation（Kirkman & Rosen，1999）。在第三象限中，多人正式领导的土壤——高层管理团队被发现在授权型领导的带领下会取得最好的业绩（Hmieleski & Ensley，2007）。而在第四象限中，典型模式共享型领导被发现最可能发生在被授权的团队之中（Pearce & Sims，2002）。

第一象限两个最常用的概念中，授权型领导在国内有系统的综述，请读者参考张燕、王辉和陈昭全（2006），以及唐贵瑶、李鹏程和李骥（2012）的研究。参与型领导其实是与授权型领导高度重叠的概念，本书不对此概念进行专门的综述，而是把焦点放在可能更符合管理实践的松 - 紧领导模式上，并探讨其在中国文化下的价值。

二　松 - 紧式领导的提出、概念内涵及相关界定

“成功从无定式，卓越贵在创新”，这是一度被誉为“美国优秀企业管理圣经”的《追求卓越》一书作者 Tom Peters 的管理学理念。基于这一出发点，Peters 通过长期而深入的企业实地调研总结出了能够反映“商业精神与创新灵魂”的八条准则（Peters & Waterman，1982），其中，“张弛结合”的组织特质（loose-tight property）引起了相关领域学者的注意，并为重新审视多年来备受

舆论热捧的参与式领导提供了一个理性视角。在这一理念的指导下，领导学研究者提出了“松－紧”式领导，即将领导指挥（紧）与员工参与（松）合二为一的领导模式。西方学者就如何在实践中同时实现“松”“紧”领导方式展开了相当程度的探索，而国内目前在该领域的研究尚属空白。实际上，这种领导模式与中国文化推崇的中庸智慧相契合：并非“鱼与熊掌，二择其一”，而是“扬长补短，兼收并蓄”。从这个意义上说，松－紧式领导可以看成中庸思维在领导决策方面的具体应用，应该在中国文化背景下有很强的适用性。

本小节总结梳理了国外有关松－紧式领导研究的现有文献，以期引起国内学术界与企业界对此的关注，并希望借此推动与本土文化相契合的松－紧式领导在中国管理实践中的形成与推广。

（一）松－紧式领导的理论基础

1. 路径目标理论

制定目标是领导者的核心能力之一。路径－目标理论（path-goal theory）对目标的制定与实现阶段进行了划分，针对目标的实现阶段，Locke 和 Latham（1990）认为富有挑战性而又并非高不可攀的目标将极大地激励员工，特别是当领导者能够为后者提供清晰的目标期望并获得其认同时（Morgeson，Derue & Karam，2010）。

而在目标确立上，参与式目标制定在减轻员工压力、增进工作满意等方面体现出了积极且相对稳定的作用。部分学者认为这同时也能促进团队绩效的提升（Erez，Earley & Hulin，1985），而这一积极影响主要来自既定目标的层次：让员工参与制定目标能将目标从个体层次提升到团队层次，进而通过在团队层次上增强目标挑战性来激励员工；当领导者通过硬性指挥也能类似地设定全局目标时，参与式的目标制定方式则难以在绩效提升方面体现出相对优势（Mento，Locke & Klein，1992）。

2. 领导指挥行为与沟通风格

综合早期的研究结论可以看到，尽管领导指挥行为的有效性受到来自上下级双方、组织情境等各方因素影响（Fiedler，1987；Stogdill，1974；Wofford & Liska，1993），但通过促使员工接受具有挑战性的目标并及时提供指导与信息反馈，领导指挥确能显著地提升团队绩效（Locke，Frederick & Cynthia，1984）。领导沟通风格理论关注以任务为导向的领导者与下属交流时的行为特征，这一理论指出，尽管领导指挥通常在独立决策、强行规定目标、严密监控下属等方面有突出表现，但沟通过程本身包含引导互动、过程控制以及构建规则等多个环节，因此即使是一位具有鲜明指挥特征的领导者也可能在指导员工实现目标的同时鼓励他们参与目标制定（Muczyk & Reiman，1989）。

（二）松－紧式领导模式

尽管从直观印象上看，类似领导者的松与紧、强势与温情、指挥与授权这样两极的做法似乎是冲突的，但其实将两个极端进行融合统一的领导方式在管理实践中并不鲜见，比如家长式领导和变革型领导：郑伯壎等人提出①，对比鲜明的“立威”与“施恩”行为在家长式领导身上有着充分的体现——他们强调个人权威及绝对的支配地位，但也会极力地维护下属面子；特别的，家长式领导者将按照下属的忠诚度、工作胜任力与动机以及同自身关系的亲疏远近来针对性地照顾他们的利益需要，从而将铁腕独断与温情体恤的领导方式进行了融合，体现出浓厚的人治色彩。

---

① 经后来学者的补充与完善，家长式领导逐渐由早期基于权威与仁慈领导的二元结构发展延伸为兼具立威、施恩及德行维度的三元结构模型。

类似的，变革型领导在推动组织变革的过程中也体现出一定的“矛盾”特征：一方面，他们掌控大局，为员工敲定目标并指明方向；另一方面，他们也会给予员工宽泛的自主空间以激发创新意识并推动目标实现。

总体而言，上述两种领导方式均体现出了“张弛结合”的领导行为风格：其中，家长式领导从华人文化角度归纳出了恩威并施、张弛有度的领导模式，而变革型领导则借助具体的行为聚焦，为关注决策流程的松－紧式领导模式的产生与发展带来了启发。基于上述理论基础和领导实践，Sagie（1996）特别关注了决策过程中的领导行为，并通过实证研究证实了领导者鼓励员工参与设立目标能够显著地增强后者的目标承诺，而在目标确立后，集权指挥能够极大地提升员工绩效水平，促使其突破性地完成工作任务并从中获得成就满足，从而有力地支持了将领导指挥与员工参与进行融合的理论假设，并进一步提出这一应用于决策领域的松－紧式领导模式。

具体来说，Sagie（1997a）分别从目标制定与实施，战略与战术的区分，以及决策的框架与实质三个层面对松－紧式领导的内涵作出了阐释。首先，针对指挥与参与对员工绩效及态度的影响侧重，领导者可将参与的形式应用于目标的制定阶段，而以强势指挥手段促进下一阶段的目标落实。然而，这一结合方式的有效性在很大程度上取决于领导者与员工的知识技能储备。在通常情况下，双方掌握着差异化的知识技能，领导者在宏观战略决策方面具有丰富的管理经验，而员工则擅长在微观操作层面上的落实。因此，在目标制定阶段又可进一步提出根据决策问题的战略/战术性质针对性采取领导指挥或是员工参与的形式。最后，Sagie（1997a）对目标制定与实现阶段的整个流程做出概括，即领导者在运用指挥手段确立以目标为导向的总体框架的同时，保留员工参与补充决策具体内容及选择工作方式的自主权，通过与后者的配合制定目标；而在实现目标的过程中，领导者则需及时地反馈，并在必要时通过指挥进行方向性纠偏。

（三）可能存在的误区

松－紧领导模型的提出突破了传统意义上“非此即彼”的领导理念，试图以一种互补的视角来化解聚焦于领导指挥与员工参与的争议。但同时，对于松－紧式领导的质疑也纷至沓来。为此，本研究对一些可能存在的误区做出如下分析，以帮助对松－紧式领导内涵的进一步理解。

1. 松－紧式领导就是家长式领导

家长式领导的“恩威并施”在树立领导威信的同时体现出对员工的个别照顾与面子维护，从而表现出了“宽严并济”的特征。然而，家长式领导始终强调领导者在组织中的核心地位及决策过程中的权威影响；尽管其“施恩”“照顾”体现出了和蔼宽容的行为特征，但这始终建立在等级分明的关系基础上，与在松－紧式领导中所主张的“宽松”民主决策有着本质上的区别。

2. 松－紧式领导就是变革型领导

受到变革型领导同时包括指挥及参与行为这一“矛盾”现象的启发，松－紧式领导模型主张将两者进行结合以兼顾工作效率与员工满意。虽然“收放自如”的领导方式在变革型领导身上已有所体现，但松－紧式领导并非就等同于变革型领导。事实上，松－紧式领导研究的主体内容在于决策过程，关注如何通过领导指挥划定决策框架，配合员工参与来完善各个阶段决策方案的实质内容（Sagie，1997b）。在一定程度上，这也为变革型领导者引领组织变革提供了操作上的借鉴。

3. 松-紧式领导等同于 Vroom 的情境权变理论

领导指挥和员工参与之所以能够共存靠的是不同时点的配合，因此从松-紧式领导模式中体现出的权变思想与经典的领导权变理论是相通的。那么，松-紧式领导与同样关注决策过程的 Vroom-Jago 权变模型之间是否存在差异？答案是肯定的。具体来看，后者假设领导者能够在不同情境下进行灵活的角色转换，将指挥与参与放到了领导决策行为维度的两个对立面，主张领导者根据情境变化把握独断或参与的程度。相比较而言，松-紧式领导更多地考虑到领导者在个性、行为等方面的一贯性特征，从而将指挥和参与视为相对独立且互为补充的行为，通过持续性地对两者进行组合来形成兼收并蓄的融通能力（Sagie，1997b）。因此，尽管松-紧式领导在决策领域运用了权变思想，但对于各决策细分阶段的行为整合使之从总体上体现出相对稳定的领导特征，而非根据环境在对比鲜明的指挥或参与中反复取舍。从实证研究可以看到，松-紧式领导中的松和紧往往是作为一个构念的两个维度同时进入模型进行分析的，这与传统的情境理论研究有着很大的不同。

三　松-紧式领导的前因变量

层次清晰的理论分析架构将为实证研究的进一步展开确定适用范围、提供边界条件，从而不断地推动理论的发展，这在松-紧式领导模型中则体现为个体成员、团队、组织以及社会整体环境等不同层次要素对于领导模式的影响（Sagie，1997）。此外，Yammarino（1997）建议可分别由局部/整体分析、跨层次分析的角度，并根据理论在不同情境下的普适性与权变性区分调节变量的类型，从而完善研究框架。

本研究参考 Sagie 基于模型初始框架所提出的可能影响松-紧

式领导有效性的相关变量（Sagie，1997），并结合近年来关注领导指挥及员工参与的实证研究成果，对来自微观层面的领导成员特征、宏观层面的组织及社会环境因素进行梳理如表 4－1。

表 4－1　影响松－紧式领导有效性的相关因素

微观层面		
领导者	决策能力	专业知识、管理技能、资历经验
	个性特征	成就动机、思维开放性、包容性、应变能力
追随者	决策能力	专业知识、操作技能
	个性特征	道德水平、独立性、自主性需求
宏观层面		
组织环境	上下级关系、任务结构化程度、团队异质化程度、组织设计	
社会环境	个人主义/集体主义价值观、权力距离	

资料来源：根据 Sagie（1997b）的文献整理。

（一）领导者因素

领导者进行有效指挥的一个重要前提是其有能力把握正确的战略导向，具体涉及他/她的专业知识、管理技能以及资历经验等。以家长式领导风格类比，Chou，Cheng 和 Jen（2005）指出其中的威权维度体现出了鲜明的指挥甚至独裁特征，但在领导者资历较高并掌握丰富的管理经验技能时，也能够从一定程度上提升员工绩效并促成组织公民行为。

在个性特征方面，由于具有较强成就动机的领导者更倾向于独揽大权以促成个人成就，因此并不利于授权与指挥的结合。相反，思维开放、具有较强应变性与包容性的领导者更易于结合自身特点，弹性地进行指挥或是授权员工参与决策（Miller & Toulouse，1986），从而也将在一定程度上促成松－紧式领导方式的实现。

（二）追随者因素

团队知识的多样化能弥补领导个人的能力短板。因此，可分别利用领导者的管理决策经验及员工的专业知识、操作技能同时实现高水平的绩效与员工满意；这一点在知识型员工身上体现得尤为明显（Somech，2006）。在员工决策能力外，松-紧式领导的有效性同样受制于个人决策意图，即员工个人的道德水平是否能使其立足于团队利益参与决策（Avolio，1997）。

此外，对于一些需要在工作中保持一定独立性的员工来说，采取松-紧式领导方式能够较好地兼顾其绩效目标与自主化需求；相反，对于依赖领导指令的员工来说，指挥与授权的结合很难获得预期成效。特别的，员工的自治导向越强，他/她越能积极主动地承担职责，并在组织或团队的自治支持氛围较弱时促进创新（Liu，Chen & Yao，2011）。

（三）组织环境因素

由于领导是涉及领导者、追随者和情境三方的互动过程（Hughes，Ginnett & Curphy，2004），因此上述个性特质也将通过与上下级关系、组织结构类型、工作任务特征等因素来影响松-紧式领导的有效性。

在高度正式的上下级关系中，领导者往往采取极端的命令指派，从而将剥离成员的参与过程，妨碍松-紧式领导方式的实现；相反，上下级之间的非正式友好关系有助于领导者在以任务为导向的同时兼顾员工需求，从而体现出松-紧式领导风格。结合中国的企业实践，类似基于亲缘、地缘或其他社会交往活动建立的“关系”更是有着举足轻重的地位：作为一种“公私不分”的沟通交流渠道，往往关系越密切，成员之间越是能够相互信任、尊重，并形成相应的权利义务承诺。

Avolio（1997）指出，领导者融合指挥和参与的有效性将在很大程度上取决于其与员工之间的信任程度或期望水平。Chen 和 Tjosvold（2006）的研究为此提供了支持：良好的上下级关系能够促成开放式沟通氛围，使领导者引导成员提供建设性意见。结合中国企业领导人高度集权的普遍特征，这也将积极地促进员工的决策参与，从而帮助领导者将授权与指挥相结合，降低决策独裁的风险。

高度结构化的决策问题有着清晰的职责界定或是标准化的处理流程，适宜领导者直接下达指令以提高决策效率。但在处理结构化程度较低的问题时，领导者可以一方面借助授权参与获得来自不同成员的观点，同时通过指挥对团队的发散性思维进行适度控制，在有限的时间及资源约束下引导成员聚焦关键问题、提高工作效率（Gebert，Boerner & Kearney，2010）。

有关创新的理论与实践通常强调给予员工充分的自主空间以调动积极性，但能够实现内部激励的自主化始终建立在一定的规则之上。为此，组织结构同样应体现出灵活而又有条理的特征（Sagie et al.，2002）。Gibson 和 Birkinshaw（2004）认为具有创新平衡力的组织有助于提升团队绩效，其特征具体表现为坚持价值原则、关注成员的事业心与进取精神以及培养团队中的信任与支持氛围等。

Drach-Zahavy 等人（2004）结合组织环境的“强”“弱”界定展开的研究表明，在以官僚式组织结构为代表的强环境下，目标期望明确、职责界定清晰，员工将作为制度化流程中的有机组成部分完成组织内部的期望目标而无须领导者“干涉”指挥；相反，以人岗匹配为特征的弱组织环境在行为、规范上的界定相对模糊、任务结构化程度也较低，因而成员倾向于依赖领导者指示，以通过关注团队整体协调性来满足外界对于创新的需求。

（四）社会环境因素

文化差异程度决定着将西方经典理论移植到中国本土的可操作性。例如，非此即彼的二元对立思维模式在个人主义价值观盛行的西方国家有着普遍体现，使得组织领导者对指挥与参与行为做出泾渭分明的界定；然而，在如日本、印度等集体主义国家的大环境下，领导者则会在通过指挥保障目标实现的同时兼顾成员关系维护，从而在一定程度上促进团队参与（Smith，1997）。

权力距离描述了人们对于组织权力不均等分配的理解与认同程度（Hofstede，1991）。深受儒家“纲常伦理”思想影响的华人社会的权力距离通常较高，因此员工普遍表现出谦逊恭敬、敬畏领导的特点。而森严的等级观念使员工形成了刻板的角色定位，惯于按指令行事，不愿接受授权。在这样的背景下，领导者拥有绝对的权威地位，这不仅使其强势指挥易于为成员接受，同时也确保了一定程度的参与不会削弱自身权威，而是进一步增强员工的目标承诺感（Smith，1997）。

近年来，一些聚焦于中国本土情境的研究从不同角度论证了权力距离对于领导有效性的调节作用。尽管松－紧式领导在这方面的探索尚显空白，但与之相仿的变革型领导能在某种程度上提供一些借鉴。Yang，Zhang 和 Tsui（2010）在中层经理变革型领导力的研究中指出，高权力距离能够显著地增强其影响力，从而提升一线员工绩效水平。

四　松－紧式领导的影响效应

（一）松－紧式领导的中介机制

根据 Sagie（1997b）的观点，松－紧式领导主要可以通过拓展认知与强化动机两条途径来达到提升绩效、增进满意及促进创新等目的（参见图4－1）。其中，认知路径包括信息交换与团队讨论等形式；特别的，团队信息共享程度在领导指挥的过程中显著增强员工满意与组织情感承诺（Sagie et al.，2002）。而在领导者运用决策参与促进创新时，则可利用团队思考（team reflection）为媒介，通过鼓励团队成员对目标进行全面审视与建设性质疑来激发创新（Somech，2006）。

在动机层面，Sagie（1997b）提出松－紧式领导能够通过有效地提升员工组织认同、目标承诺以及自我效能感等来产生作用。Huang，Shi，Zhang和Cheung（2006）验证了当领导者推行决策参与时，会以员工的自我效能感为中介来强化后者的组织承诺。

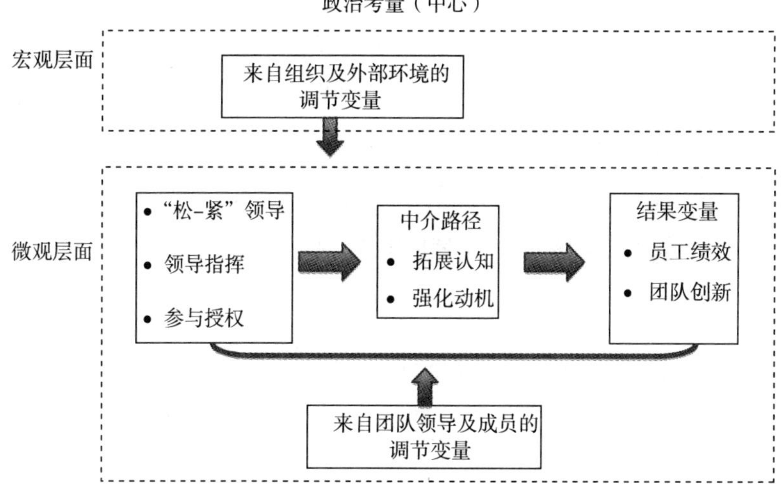

图4－1　松－紧式领导分析框架

资料来源：根据Sagie（1997b）的文献整理。

（二）松－紧式领导与创新的关系研究

虽然单一地采取领导指挥或决策参与都将有效地促进团队创新，但两者各自的负面影响也限制了创新能力的进一步提升。例如，尽管员工参与被认为能够通过促进信息交换来优化决策，但“失控”的民主可能激化人际关系冲突，甚至导致个体目标与整体目标产生分歧；而来自领导指挥的严密监控也对成员创新有所限制。因此，互补型的领导方式能够较好地与团队创新对知识探索及整合的双重需求相契合（Rosing，Frese & Bausch，2011）。具体来说，松－紧式领导在认知与动机途径上融合了创新所需的激励与引导，以决策参与鼓励多样化思维，以领导指挥确保创新效率。尤其在成员异质化程度较低时，在参与中融入指挥也有助于鼓励员工突破群体一致性压力，从而提升整体创新水平（Somech，2006）。

Gebert，Boerner 和 Kearney（2010）对由此类领导方式促进创新的认知流程进行了剖析：一方面，宽松的授权鼓励群策群力地进行发散性思考，但为避免偏离战略目标，需要领导者加以引导约束，将团队的思维碰撞维持在可控范围内；在此基础上，领导指挥将有效汇总多方信息，融合不同创新理念，并借助参与授权缓解由集权指挥对员工创新积极性带来的负面影响，最终兼顾团队的产出效率与创新活力（参见图 4－2）。

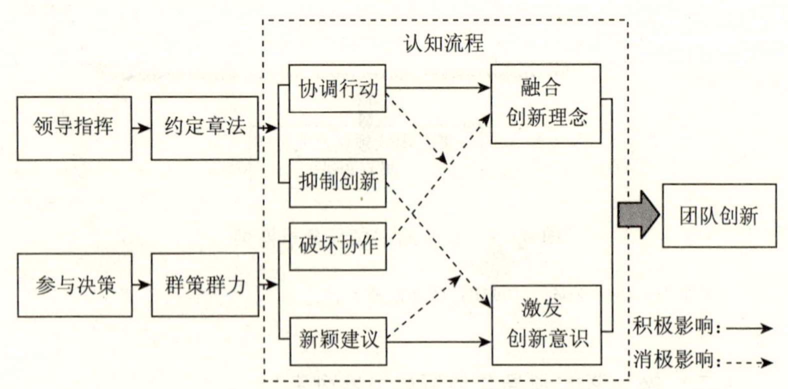

图 4－2　领导指挥与参与决策对团队创新的促进机制

资料来源：根据 Gebert，Boerner 和 Kearney（2010）的文献改编。

五　评价与未来研究展望

（一）松－紧式领导在中国

“收放自如，张弛结合”的领导理念其实并非新奇的舶来品：《礼记》中就有“一张一弛，文武之道”的主张。在典型的集体主义国家中，普遍的中庸思维模式具有折中适度、灵活应对、兼收并蓄的特征。这使得松－紧式领导模式相比以往许多经典西方管理理念体现出更强的可移植性，进而对指导中国本土管理实践发挥深远的影响作用。

特别的，在集权决策中融入民主的主张将从某种意义上促使“恩威并施”的家长式领导成长为“收放自如”的松－紧式领导，进而帮助培养中国企业的创新能力。对于已经处于考虑怎样获得可持续发展的很多中国企业家而言，应该如何避免或者因过分授权而使企业失去控制，或者因过分集权而使企业失去活力。如何在发挥下属参与决策的积极性的同时仍能维持自身一以贯之的决断魄力，松－紧式领导提供了一个可供借鉴的思路。

（二）综合评价与展望

在一定程度上，管理就是一个因势利导、动态适应的过程。松－紧式领导突破了以往将领导指挥与员工参与对立的单一研究视角。这一兼收并蓄的理念源于两种领导方式在决策流程中的多重影响路径，进而借助两者直接及间接的相互作用提升团队创新能力。

然而，尽管类似“张弛结合”的领导方式在当前管理实践中有着很多体现，但对于松－紧式领导的实证研究却并不深入，由此也致使与之相关的前因变量、中介变量及调节变量均未获得充分挖掘。因此，今后的研究可根据特定情境的需要选择性地结合定性与定量的研究方法，以推动松－紧式领导的理论研究和管理实践。

首先，辨析松-紧式领导的影响机制，使之更具可操作性。尽管分别关注指挥及参与的研究很多，但探讨其共同作用机制的研究并不多。有限的研究提醒我们，二者结合后的作用机制确实需要深入探讨。比如，虽然自我效能感这一动机类变量在参与型领导与组织承诺感的关系中起到了显著的中介作用（Huang，Shi，Zhang & Cheung，2006）（见图4-1处分析），但将指挥与参与结合后，施加努力（exerting effort）这一同样的动机类变量在决策参与作用中的中介效应却未获得支持（Sagie et al.，2002）。这其中的原因固然是变量本身不同造成的，但是相应的，松-紧式领导的机制过程中的变量到底怎样和为什么产生作用，现在仍然还处于探索阶段。

其次，松-紧式领导的生成机制也不明确。虽然Sagie初步总结出了松-紧式领导的前因变量（参见表4-1），但是后来的研究对于这些变量的作用机制并没有深入的探讨，变量之间的不同组合所可能产生的影响还没有进入学者的研究视野。

最后，从研究方法上看，目前测度松-紧式领导的问卷结合了Sagie和Koslowsky（1994）用于测量团队决策参与水平的量表以及Conger和Kanungo（1994）用于测量领导指挥的量表，从表面上看是同时考察团队决策参与水平与领导指挥风格，却并未从实质上反映出松-紧式领导的动态性。基于这一考虑，Sagie等（2002）结合了定性访谈的方式来向员工了解其上级领导是否在特定时间段内同时体现出“松”“紧”领导方式，但他在访谈过程中也并未依据松-紧式领导概念内涵与受访者进行严格的概念界定，而是相对宽泛地获知员工对于领导风格的直观印象。另外，Sagie等人（2002）的实证研究是在一家以色列纺织工厂中进行，该企业从总体上体现出低权力距离的组织特征以及对于个体自我实现的价值推崇，对应的结论可能难以应用于中国企业管理实践中。

因此，未来的研究者应寻求更能贴切反应这一概念的研究，并尝试在不同类型的组织群体中重复验证研究结果，以增加研究结论的可推广性。进一步来说，考虑到组织不同层次之间（如组织、团队、个人层面等）必然存在的相互影响，今后也可结合多层次分析方法展开跨层次研究，以探索不同层次下松－紧式领导的前因、结果变量，以及生成和影响机制。

特别的，在组织层次之上，学者可以探寻松－紧式领导在不同社会文化背景下的适用性：尽管结合东西方思维差异，笔者推测松－紧式领导在以中国为代表的集体主义国家中可能具有更强的适用性，但国内在这一领域的研究尚未开始，松－紧式领导是否适宜在本土管理情境下推广有待未来的研究加以考证。

总体而言，松－紧领导模式为主张统一领导指挥与员工参与领导行为的研究提供了一个综合性的视角，从中折射出典型的中国式领导理念并为之创造了广阔的发展前景，需要相关理论研究者及管理实践者给予更多的关注，英雄式领导与后英雄式领导的结合也将是非常可行的研究方向。但必须承认的是，有关松－紧式领导的现有研究依旧处于初级阶段，相关实证研究的缺乏影响了松－紧式领导模式在实践上的价值认可度。因此，在这一领域，有大量的研究课题等待有志于此的学者进一步探索和挖掘。

第二节　非正式领导概念及其研究进展：第二象限[①]

一　非正式领导概念的提出

非正式领导（informal leadership）这一概念源于 20 世纪六七

---

① 本节内容来自刘松博、李晨（2014）正在撰写的论文（Working Paper）《非正式领导的概念与研究进展：一个综述》。

十年代（Hollander，1961；Hollander & Julian，1969；Stein，1975）。根据组织或团队中担任领导角色的个体是否被赋予正式职权和责任，西方学术界将领导者划分为两类：正式领导和非正式领导。相较于正式领导，非正式领导最显著的特征在于其不具有组织所赋予的正式职权，通常也无额外的报酬或奖励，然而高水平的情绪认知和管理能力、任务导向的协作、频繁的情感帮助行为成为其独到的优势。这类情绪领袖特质使其易于获得下属的信任和尊重，显著增强了其他成员的角色知觉和角色期待（Druskat & Pescosolido，2001；Salovey，Bedell，Detweiler & Mayer，2000；Steiner，1972）。

进入21世纪，随着全球化进程的加快，为了更好地应对市场变革，组织扁平化趋势越来越明显，管理层级不断缩减，职能部门和机构被大幅压缩。除了正式组织（团队）之外，自我管理团队（SMTs）和虚拟团队大量涌现，这类新兴团队模式下那些与团队成员保持良好合作关系并对任务绩效做出突出贡献的员工倾向于涌现为非正式领导。作为领导学研究领域的新视角，非正式领导涉及丰富的前因变量和结果变量，本节将在文献回顾的基础上着重探讨“什么是非正式领导”“哪些因素导致了非正式领导的出现”及“非正式领导如何影响组织（团队）的产出”三个命题，旨在为后续学者的研究提供相关借鉴。

二　非正式领导的概念界定

Stogdill（1974）将领导定义为“对组织内团体和个人施加影响的活动过程”。非正式领导作为施加影响的载体，其影响力并非来自正式职权或威胁下属的惩罚，而是依赖个人独特魅力以及长期在组织（团队）中形成的权威（高超的技术和专业知识）来赢得下属的拥戴。学术界在非正式领导概念的表述上是一致的，极具代表性的是 Schneider 和 Goktepe（1983）将非正式领导定义为能够对团队其他成员施加重大影响的个体，通过长期的、以愿景为基础的内在激励过程促使达成高绩效产出。关于非正式领导概念的另一个重要方面是要弄清其与涌现型领导（emergent leadership）的区别与联系，查阅对比既有的文献资料，非正式领导和涌现型领导在定义和内涵上是一致的，都是指不具有组织赋予的正式职权而能够对组织（团队）成员产生重大影响的个体（De Souza & Klein，1995；Druskat & Pescosolido，2001；Hollander，1961；Schneider & Goktepe，1983），可以认为，非正式领导和涌现型领导指的是同一种领导形式。事实上，学术界也是将两个概念不加区别地混搭使用的（如 Luft，1984；Neubert，1999）。本节也采取这样的做法，将 informal leadership 和 emergent leadership 视为同一个概念。

非正式领导在任何组织形式中都可能存在并产生影响。目前学术界对此的研究主要集中于三种组织（团队）形式：正式组织（团队）、虚拟团队和自我管理团队，表 4－2 总结了三种组织形式的特征。

表 4－2　三种组织形式的特征归纳

组织形式	特　征
正式组织（团队）	• 层级清晰、决策程序化、目标明确的行为系统 • 具有明晰的权责关系和活动规范 • 含有正式领导，并具有组织赋予的合法职权 • 正式领导对目标是否达成负有直接责任
虚拟团队	• 无正式任命的领导 • 临时性的网络组织，以信息技术为支撑 • 扁平化、无正式层级和组织结构图 • 无固定地理空间和工作时间限制 • 通过互联网进行交流，共享信息和技术 • 学习型团队

续表

组织形式	特　　征
自我管理团队	• 无正式任命的领导 • 生命周期有限 • 自我管理、自我领导、员工参与决策 • 共同的目标，成员共同对目标负责 • 任务导向和快速应对

由表 4 - 2 可知，正式组织（团队）的领导者（即正式领导）拥有合法的职权，这使得他们能够自上而下地对员工施加影响，组织赋予的权力允许他们采用惩罚性措施强制下属增加工作投入以达到高绩效产出。这类组织中，偏重于提升员工内在动机水平的非正式领导虽然是由成员自发推选的，但这并不排斥正式领导在非正式领导涌现中所起的作用。研究表明，正式组织中领导—成员交换关系（LMX）是影响非正式领导涌现的潜在关键变量，团队中那些与正式领导形成高质量 LMX 的成员易获得更多的资源支持和机会，承担更为复杂的任务，进而被组织中其他成员知觉为正式领导者代理人的角色，这些个体往往更易涌现为非正式领导（Zhang，Waldman & Wang，2012）。

虚拟团队作为一种新型团队形式，其优势在于整合了集体智慧，共享知识、信息和技术资源。研究表明，虚拟团队中非正式领导的涌现主要依靠电子邮件，其发送的邮件数量明显多于普通成员，内容上也更长，并且多是与任务相关的（Yoo & Alavi，2004）。因此，对于虚拟团队而言，有效的沟通和交流对于领导力的开发极其重要。然而，由于信息反馈的延迟、肢体语言的缺失以及较差的互动理解，虚拟团队成员间交流的有效性远低于传统团队，这种看似先进、高效的团队形式存在沟通障碍这一弊端，这无疑增加了个体涌现为非正式领导的周期和难度（McDonough，

Kahn & Barczak，2001）。

自我管理团队作为知识经济时代的产物，与虚拟团队类似，不具有组织正式任命的领导者。很多学者在探究非正式领导相关影响因素的实验设计上采用的是自我管理团队模式，例如，Cohen，Chang 和 Ledford（1997）试图解释有关这类团队的领导力需求问题；Wolff，Druskat 和 Pescosolido（2002）曾将 382 位 MBA 学生划分为 48 个自我管理团队执行特定的任务，旨在探究情绪智力在非正式领导涌现中所起的作用。

三 非正式领导的前因变量探析

学者们一直以来在尝试回答："什么因素导致了组织中非正式领导的涌现?"弄清这一问题的关键在于找出组织（团队）中非正式领导涌现的具体传导机制。回顾既有文献，个体性别、年龄，大五人格特质，知识、技能和能力（KSAs），情绪智力，动机，环境及基因等因素被证明是非正式领导涌现重要的前因变量（比如 Chaturvedi et al.，2012；Cogliser，Gardner，Gavin & Broberg，2012；De Souza & Klein，1995；Druskat & Pescosolido，2001；Luria & Berson；2013；Goktepe & Schneider，1989；Neubert，1999），以下详细列举了几类关键的前因变量。

（一）人格特质

1. 大五人格因素。学术界普遍认同大五人格特质作为一个整体影响组织中非正式领导涌现的观点，然而落实到具体五个维度上所形成的观点却并不统一。Cogliser 等（2012）研究了大五人格因素对于虚拟团队中涌现型领导的影响，提出大五人格维度中的随和性和责任心与领导的涌现正相关，情绪稳定性与领导的涌现无显著相关。他们还认为，表现出随和性特质的员工比普通成员具备更强的归属感和同情心，在任务达成方面表现出更多的协作行为，从而降低了团队冲突水平，营造团队信任氛围；而团队中具有较强责任心的个体会被认为是可靠的、乐于分享的，在高工作复杂性情境中，具备这类特质的员工体现着对目标的持续坚持、任务协作和组织公民行为，增强了其他个体对其的角色期待。Judge，Bono，Ilies 和 Gerhardt（2002）进行的元分析认为，随和性维度与团队中非正式领导的涌现并不相关；关于这一点，Reichard 等（2011）随后的研究也得出相似的结论，他们将可能的原因归结为过高的随和性会使员工处于被动和顺从的境地，缺乏内在动机和相互间的信任，进一步降低了其他员工对其涌现为非正式领导的知觉。类似的，学者们在情绪稳定性对于非正式领导的涌现中所起的作用也未达成一致，与 Cogliser 等人（2012）不同，一些学者从自组织理论的视角出发，将情绪稳定看成一种不受外部力量影响的自动反复的平衡状态，这种模式下一个人的情绪是否稳定取决于两个维度，即情绪失调阈值和情绪恢复弹性，情绪失调阈值高的个体对环境的敏感度低于普通员工，感觉到心烦和焦虑的水平较低；高情绪恢复弹性的个体在变革情境中的灵活性较好，能够快速从消极情绪中调整过来。组织（团队）中在这两个维度得分较高的员工更倾向于成为非正式领导。另外，Li，Chun，Ashkanasy 和 Ahlstrom（2012）的研究指出，情绪稳定性和非正式领导的涌现正相关，和组织冲突及关系冲突负相关，并且组织任务和关系冲突调节了情绪稳定性和非正式领导间的关系。

2. 自我监控。自我监控是指个体对自身心理与行为的主动掌握，调整自己的动机与行动，以达到预定模式或目标的自我实现过程。作为重要的领导特质，高自我监控体现了个体较强的行为与环境适应性。Türetgen，Unsal 和 Erdem（2008）对 219 位土耳其商学专业学生进行的一项研究表明，自我监控与大五人格中外倾性、经验开放性和情绪稳定性正相关，尤其在体现女性气质和集体主义的国家中更为凸显，高自我监控者对于环境线索十分敏感，他们能根据所处情境的不同调整行为以适应团队的需要。其他一些学者的研究同样承认个体在社会情境中对自我行为的控制存在显著差别，组织（团队）中高自我监控者以情境线索作为行为的指引，比低自我监控者更易涌现为非正式领导（如 Day，Schleicher，Unckless & Hiller，2002；Dobbins，Long，Dedrick & Clemons，1990；Ellis，Adamson，Deszca & Cawsey，1988；Garland & Beard，1979）。此外，另一些人格特质如主动性人格（Zhang，Waldman & Wang，2012；Joo & Lim，2009）、乐观性（Peterson，Balthazard & Waldman，2008）等也被认为与组织（团队）中领导者的涌现正相关。

（二）情绪智力（EI）

情绪智力是社会智力的一部分，指个体监控自己及他人的情绪和情感，并识别、利用这些信息指导自己思想和行为的能力（Mayer，DiPaolo & Salovey，1990）。Wolff，Pescosolido & Druskat（2002）认为个体的移情能力在提升领导者认知方面扮演着重要角色并最终导致领导者涌现，非正式领导通常是基于个体的综合特质以及众望所归的原因产生，其对员工情感的影响力甚至超过了正式领导。移情能力作用于非正式领导涌现的机制可归结为两方面：第一，作为一种社会情境，工作环境承载着情绪，具有移情能力的个体能够更好地理解和识别团队其他成员的需求，进而施加情感和行为支持；第二，具有移情能力的个体在抵御情绪变化方面的得分较差，他们倾向于对已识别的情境（如组织冲突、团队需求等）作出反应，相应地在任务执行过程中表现出协作行为

(Kemper，1978；Barsade & Gibson，1998)。综上所述，团队中善于移情的个体在情感帮助和任务贡献两个维度上增强了其他成员的角色知觉。

Walter 等（2012）分析了被中介的调节模型，认为个体高情感认知能力与非正式领导涌现具有显著正相关关系，其中个体任务协调行为起中介作用，而大五人格中的外倾性则调节了认知情感和任务协调行为间的关系。Wolff，Pescosolido & Druskat（2002）强调在非正式团队中，情绪和认知技巧对领导者涌现起关键作用。

（三）知识、技能和能力（KSAs）

非正式领导之所以在当前理论研究中受到高度重视，很大程度上是因为它在组织（团队）决策中起关键作用，因此，知识、技能和能力（KSAs）应该成为支持其领导效能的普适能力。以往关于非正式领导能力的研究多集中于社交能力，在知识和技术方面的胜任力方面，学术界的研究则较为鲜见。

在有限的研究中，Wolff，Pescosolido & Druskat（2002）将组织中潜在的非正式领导归为两类，一类是“任务导向型”——对团队目标的达成起直接作用；另一类是“社会情感技能型”——通过增强团队凝聚力、在团队中建立信任、积极引导他人行为等起作用，该研究关注了 KSAs（即知识，技能和能力要素）对于非正式领导者涌现所发挥的积极作用。他们认为，知识、技能和能力是重要的潜在预测变量，拥有高水平 KSAs 的员工能够有效利用团队提供的资源和信息，在相同的时间周期内对任务的达成做出超出预期的贡献，易于被其他成员知觉为实现任务目标的关键成员。

（四）动机

动机是引起个体活动，维持并促使活动朝向某一目标的内部动力，是在刺激和反应间建立内部环节的要素，它对个体行为具有引发、指引和激励作用。依据性质，动机可以划分为生理动机和社会性动机，领导学研究领域主要的关注点在于后者。社会性动机又可进一步细分为交往动机和成就动机，二者对应了非正式领导影响力形成的两个途径：任务和关系。成就动机水平高的个体以高标准要求自己，相比团队其他成员付出更多，不断强化自身的努力，力图在任务中贡献更多；交往动机高的个体则注重与他人发展友谊，建立互惠合作的关系。McClelland（1975）将领导者的动机需求归结为三方面：成就、权力和亲和动机，它们与领导者绩效产出息息相关，McClelland 和 Burnham（2003）进一步指出，这些动机需求在本质上是相通的，都可作为施加影响的主要方式，因而成为领导者涌现的强预测因子。然而，正式领导和非正式领导在动机强度上存在显著区别，总体来看，非正式领导的权力动机较弱，亲和动机明显高于正式领导。有研究指出，过高水平的权力动机对于领导者的涌现不仅不会起到正向作用，甚至如果不加以适当抑制，可能会损害组织（团队）的整体利益（McClelland & Boyatzis，1982；McClelland & Burnham，2003）。

领导动机（motivation to lead）理论是当前研究非正式领导产生机制的新视角，Chan 和 Drasgow（2001）将领导动机（MTL）定义为“想要成为领导者的个体决定是否参加培训、承担领导角色和责任以及为此付出努力的内在动力”，他们在个性、价值观等非认知因素的基础上进一步将 MTL 划分为三种类型：情感认知型、非功利型和社会规范型，其中情感认知型个体高度自信，重视成就和社会交往，认为自身具备领导特质，这一动机促使其承担领导角色；非功利型个体基于集体主义价值观维护组织（团队）和谐；社会规范型个体的激励则主要来自社会责任和义务。一般来说，在个体认知因素和非认知因素的共同作用下，领导动机高的个体更倾向涌现为领导。Luria 和 Berson（2013）以军队为样本研究了领导动机（MTL）以怎样的方式、在何种程度上影响了非正式领导的涌现，结果表明领导动机和领导者涌现正相关，和团队合作行为正相关；认知能力和 MTL 的交互与团队合作行为正相关；团队合作行为与非正式领导涌现正相关。总体来说，领导动机影响了团队合作行为以及个体在同事中成为领导者的趋势。

（五）性别、基因和环境

性别差异是早期领导学领域的研究热点，这一点在非正式领导的研究方面体现得尤为突出（Archer，1996；Maccoby & Jacklin，1980；Reinsch，Rosenblum，Rubin & Schulsinger，1991）。当代社会，虽然女性的受教育水平和劳动参与率相对之前有了大幅提高，但领导者角色倚重“男性化”的特征仍占据绝对优势，性别角色冲突一直困扰着大多数职业女性。就非正式领导而言，性别差异在很大程度上影响着领导特征，概括起来，男性领导的男性化特征较为突出，更偏重任务导向，在行为上强调任务指引和驱动；女性领导的女性化特征较为明显，更偏重关系导向，强调人际关系而不是职权的影响力。Neubert 和 Taggar（2004）针对美国中西部制造业的调查表明，男性比女性具有更高水平的尽责性和情绪稳定性，男性一般在简单、遭遇式的情境下及时地提供帮助，这使得男性成员更易涌现为非正式领导；相比之下，女性成员的一般智力能力（general mental ability）明显高于男性，她们倾向于在长期关系中持续提供帮助，进而增强团队成员对女性领导者涌现的期待。

随着领导学研究广度的不断延伸，近年来，一些学者开始关注遗传因素对领导者涌现的影响。De Neve，Mikhaylov 和 Dawes

(2013)的研究找到了影响领导者涌现的基因 rs4950 并将其命名为“领导基因”，他们认为该基因可以直接影响脑部化学过程和生命指征（如心率、血压和腺体分泌等），进而影响到行为，研究还指出同样的环境对于不同基因型个体的影响是不同的。Chaturvedi 等(2012)探讨了环境和基因对非正式领导者出现的影响，他们认为人的行为是由生物因素（遗传或激素）和生活经验决定的，针对男性样本的研究中，非正式领导者出现有 30% 与遗传因素相关，对于女性，这一比例达到 32%。

（六）组织和社会网络

组织和社会网络层面，虚拟组织最具代表性。Sutanto，Tan，Battistini 和 Phang（2011）采用社会网络分析法研究了虚拟组织中非正式领导涌现的影响因素，结果表明，在虚拟协作组织中，具有“中心性”的个体更易于成为非正式领导，最有效的非正式领导并不是那些最初担任指挥或监控角色的人，而是那些担任中介角色的人。Yoo 和 Alavi（2004）对虚拟组织中电子邮件往来进行比较分析后发现，非正式领导和普通员工在涉及专业知识和技能方面的邮件基本没有区别，然而一旦涉及协调性的工作通知时，非正式领导收发的邮件明显多于且长于普通员工的邮件。由上述可知，虚拟组织中的非正式领导并不侧重权威和能力的影响，那些起协调作用的个体往往能获得更多的资源信息，也较易提升其他成员的知觉。

四　非正式领导的结果变量探析

史王民（2010）认为，非正式领导主要通过因专家权威、榜样力量所形成的敬仰、崇拜，或出于自身保护，或因情所致，或因友谊、归属需要，或在正式组织得不到的东西来产生影响力，改变成员行为。某一特定组织或团队情境下，非正式领导对成员的影响体现出趋同性，时效深远持久，进而引起组织（团队）产出的变化。从路径来看，有别于正式领导，非正式领导的影响体现出“多向”特征，容易形成纵向、横向，甚至内外呼应的互动局面，例如：正式组织中非正式领导的影响力在很大程度上影响着上级决策；虚拟团队中的非正式领导凭借其信息传递中枢的位置积蓄影响力；自我管理团队中涌现出的领导则凭借其个人魅力以及和谐的人际关系对成员施加影响，并且在团队外部关系的维持上起关键作用。

类似于上一节前因变量的探析，非正式领导影响机制的研究中也同样存在多个结果变量，如工作满意度、组织公民行为（OCB）、个人和团队绩效、员工创新行为、团队凝聚力等（如 Bell，2007；Day et al.，2004；Pescosolido，2001；Li，Chun，Ashkanasy & Ahlstrom，2012；Morgeson，DeRue & Karam，2010；Neubert & Taggar，2004；Zaccaro，Rittman & Marks，2001）。以下列举了一些学者关于非正式领导影响组织（团队）产出的观点。

（一）工作满意度和绩效

既有的文献表明，无论非正式领导存在于何种形式的组织或团队中（正式组织、虚拟团队和自我管理团队），其突出的领导行为技巧、任务协调行为和良好的人际关系对其他成员、自身的工作满意度和绩效均起到了较大的促进作用。对于正式组织而言，非正式领导在某种程度上充当了正式领导代理人的角色，良好的领导—成员交换关系（LMX）赋予了其在协调活动中较大的影响力。作为信息交换和传递的枢纽，虚拟组织中的非正式领导强化了组织（团队）中知识共享和学习过程，缩短目标达成的周期，提升了任务绩效。相比之下，自我管理团队中非正式领导的作用则更为显著，一些学者的研究表明，依靠外部领导控制和指挥的自我管理团队的运作是有问题的。对于这一点，可能的解释是自我管理团队对于领导力强度的需求相对较弱，外部领导的过度控制反而会产生负效应，比如降低成员的工作满意度和绩效水平，因此非正式领导的涌现对于自我管理团队而言显得尤为重要（如 Beekun，1989；Cohen，Ledford & Spreitzer，1996；Druskat & Kayes，1999；Pescosolido，2001）。

（二）组织公民行为

非正式领导的涌现不仅提升了组织（团队）的任务绩效，它还作用于成员的角色外绩效。组织（团队）中非正式领导表现出的诸如外倾性、情境认知能力及支持他人工作的特质能够显著增强其他成员的工作投入和工作参与，给予员工归属感、支持感和乐观主义，培养组织（团队）积极的工作氛围和信任氛围，促进其他成员的组织公民行为（organizational citizenship behavior，OCB）（Druskat & Wolff，2001）。就非正式领导自身而言，其在任务和情感上的利他行为本身也可看成组织公民行为，在组织（团队）目标达成过程中，非正式领导通常比其他成员付出更多的努力和精力，在必要的时候会为组织（团队）的整体利益牺牲自己的利益。

（三）团队凝聚力

团队凝聚力包含团队对成员的吸引力，成员对团队的向心力，以及团队成员之间的相互吸引三个方面；凝聚力从根本上说是目标一致性下的人际吸引力，团队成员间关系越和谐，沟通越频繁，团队的合力越大，凝聚力越强。从领导方式的角度看，非正式领导的非强制性领导方式更讲求民主和支持，成员关系融洽且积极，团队凝聚力较强。从影响机制来看，非正式领导主要通过管理团队情绪的方式起作用，Pescosolido（2002）针对自我管理团队中非正式领导的研究发现，非正式领导是团队情绪的管理者。他们认为非正式领导主要通过两种方式起作用：第一，在团队目标、任务处于模糊阶段，非正式领导的情绪反应可以作为解读团队需求的一种方式，通过对事件建模特定的情绪反应来解决和消除团队成员对事件的模糊性，促进成员行为上的一致性；第二，非正式领导通过创造共享的情绪体验，促进团队成员团结一致，增强士气，提升团队凝聚力。可见，在此过程中，领导者对跟随者的情绪感染作用十分显著。

（四）创新行为

综合既有文献，非正式领导不仅影响组织其他成员的创新行为，还影响自身的创新。非正式领导通过为员工提供创新资源支持和情感帮助的方式提供激励，提升员工对组织支持感的知觉，促进员工创新。一些学者将创新理念和创新行为两个概念加以区分，他们认为创新理念是组织（团队）成员普遍具有的，然而这并不意味着创新行为的产生，畏惧创新风险、缺乏资源支持、不愿承担责任等因素是常见的几大阻碍，而非正式领导不具有惩罚的权力且偏向沟通、分享和提供支持的特征在很大程度上消除了其他成员的顾虑，为创新理念转化为现实的创新行为奠定了基础。彭正龙、王红丽和谷峰（2011）应用情绪事件理论，揭示团队情绪在非正式领导与员工创新行为之间的跨层次作用机制。结果表明，挫折对团队情绪有负面影响，而非正式领导可以削弱挫折事件对团队情绪的负面作用，显示出在管理团队情绪方面的突出优势，促进创新氛围的构建。

对于正式组织（团队），处于高质量领导—成员交换关系（LMX）下的非正式领导具有较强的影响力、更大的自由度和更广的决策范围，易于获得资源支持，正式领导也更偏向于将挑战性的工作分配给这类员工（非正式领导），从而促进其创新（Graen & Scandura，1987；Oldham & Cummings，1996）。

五　非正式领导的测量

管理学界测量非正式领导的方法主要有以下 4 种。

（一）单条目同事互评

在这类测量中，问卷通常只包含一个条目，例如，Nevicka 等（2011），以及 Smith 和 Foti（1998）的非正式领导测量问卷条目为“如果您被要求在当前所在的团队中执行与之前相同类型的工作任务，您更偏向于选谁作为领导（包括您自己）”，之后在回收的问卷中统计每个成员被选为领导者的次数，得票最多的个体被认为是非正式领导，该方法最易操作。根据不同的样本和情境，一些学者对测量算法进行了部分改进以更好地适应研究需要，比如 Neubert 和 Taggar（2004）针对不同规模的团队进行研究时采用了比例衡量法，即用每个成员的得票数除以团队成员总数得到比值 a，该研究中 a 的取值介于 0 ~ 0.6，a 值最大的个体被认为是非正式领导。另一种经过改进的同事评分方法是社会网络测量方法，Zhang，Waldman 和 Wang（2012）在非正式领导涌现机制的研究中采用该方法，他们选用单条目（即“在领导力方面，你所在的团队在何种程度上依赖这个人”）Likert 5 点量表，让除正式领导之外的每个成员对其他成员进行评分，最终将各个成员得分的平均值作为其相应的影响力值，影响力值最大的个体被认为是非正式领导。

（二）多条目同事互评

有别于单一条目的量表，该类量表由多个条目组成，比如 Cogliser等（2012）在研究虚拟组织中大五人格对于领导者涌现的影响时采用了这种方式度量非正式领导的涌现。他们以 71 个虚拟团队为样本，对每个候选者在8个条目上分别打分，部分条目的内容诸如“该成员为团队指明了方向”“该成员尝试对其他个体施加影响”“在与其他成员的交互中，该成员表现出外倾性、关心和对环境的敏感”“该成员常常夸奖他人成绩和贡献”等。相较于单一条目的量表，这种方法能从更细致的角度、多方面地测量团队成员对非正式领导的知觉。

（三）员工自评

Spector（1994）认为这种主观自评的方式是合适的，因为它反映了个体对组织中自身地位的知觉。Chaturvedi 等（2012）在研究年龄和性别对于非正式领导涌现的调节作用时采用了四条目自评量表，条目内容包括“我能够影响其他人同意我的观点”“在团队活动中，我引导或指挥他人”等。类似的，Li，Chun，Ashkanasy 和 Ahlstrom（2012）在探索情绪稳定性和组织冲突影响非正式领导涌现机制的研究中采用 Zimmerman 和 Zahniser（1991）开发的7条目量表测量成员对自身成为领导的知觉水平。这种度量方法的前提在于其肯定了个体自我影响力的知觉在实际领导有效性的预测方面是重要的（Hannah，Avolio，Luthans & Harms，2008；McCormick，Tanguma & Forment，2002）。

（四）外部专家评定

这种度量方式多应用于研究自我管理团队的某些实验中，这些实验的时间跨度通常在6个月左右甚至更长，通过第三方评定人在预定义的编码系统下观察团队成员的行为和交互模式，进而选出领导者。类似于人员测评中的无领导小组讨论，这种方法强调观察团队中各个成员的表现，并由第三方评定人（专家）进行综合评分，其优势在于最终的评价较为全面、客观（Anderson & Wangerg，1991；Lord，1977）。

六　小结和展望

（一）小结

通过分析20世纪80年代以来国内外关于非正式领导研究的文献，本节对常见的前因变量和结果变量进行了较为细致的分析和归纳，表4-3中对相关学者的观点进行了汇总。

表4-3　非正式领导相关变量

	影响因素	操作变量		学者（年份）
前因变量	人格特质	大五人格	外倾性	Judge，Bono，Ilies 和 Gerhardt（2002）；Day，Schleicher，Unckless 和 Hiller（2002）；Türetgen，Unsal 和 Erdem（2008）；Reichard，Riggio，Guerin，Oliver，Gottfried 和 Gottfried（2011） Li，Chun，Ashkanasy 和 Ahlstrom（2012） Cogliser，Gardner，Gavin 和 Broberg（2012）
			责任心	
			随和性	
			情绪稳定性	
			经验开放性	
		自我监控		
	情绪智力	情感认知		Wolff，Druskat 和 Pescosolido（2002）；Walter，Cole，Vegt，Rubin 和 Bommer（2012）
		移情		
	KSAs	知识/技能/能力		Wolff，Druskat 和 Pescosolido（2002）
	动机	领导/成就/亲和动机		Chan 和 Drasgow（2001）；McClelland 和 Burnham（2003）；Luria 和 Berson（2013）
	网络	组织/社会网络		Yoo 和 Alavi（2004）；Sutanto，Tan，Battistini 和 Phang（2011）
	性别、基因、环境	性别、基因、环境		Goktepe 和 Schneier（1989）；Neubert 和 Taggar（2004）；De Neve、Mikhaylov 和 Dawes（2013）；Chaturvedi，Zyphur，Arvey，Avolio 和 Larsson（2012）；
结果变量	工作满意度和绩效	工作满意度和绩效		Beekun（1989）；Cohen，Ledford 和 Spreitzer（1996）；Druskat 和 Kayes（1999）；Pescosolido（2001）；Zhang，Waldman 和 Wang（2012）
	OCB	组织公民行为		Druskat 和 Wolff（2001）
	团队凝聚力	团队凝聚力		Pescosolido（2002）
	创新行为	创新行为		Oldham 和 Cummings（1996）；彭正龙、王红丽、谷峰（2011）

总体来看，非正式领导涌现的原因可归结为三方面：①满足其他成员的需求；②在组织任务中承担关键或是重要的角色，并对组织目标的实现做出贡献；③展现出的个人特质或行为特征符合其他人对领导者的角色期望。两类因素可以用来解释非正式领导在组织中地位的来源：①先赋资源，即那些容易观察的个体差别，比如性别、基因以及人格特质会影响一个人在团队中的地位；②获得资源，即通过长期对组织（团队）成员有利的行为或对任务有形的贡献赢得自身在组织中的地位，如对其他成员的需求及时作出回应，在组织目标实现的过程中贡献力量等。非正式领导在组织、团队或个体产出方面体现的正效应有利于组织任务的达成和目标的实现，当工作复杂性程度较高时，非正式领导的协调作用在一定程度上能够起到缓和紧张的人际关系和观点分歧的作用，其施加的情感帮助提升了成员的工作热情和积极性，进而提高了员工的绩效产出水平。

（二）展望

学术界关于非正式领导的研究在过去20多年里取得的进展可谓突飞猛进，同时我们应该看到，目前非正式领导的研究依然存在一些问题和空白点，需要后续学者进一步补充和完善。

首先，取样存在局限。目前关于非正式领导的研究体现出西方学者垄断的格局，国内关于这方面的研究基础尚显薄弱，究其原因，一方面是由于非正式领导这一概念于21世纪初才刚刚传入国内，本土学者的起步较晚；另一方面，更深层次的原因在于样本取样难度，西方商业经济在20世纪七八十年代已经较为成熟，自我管理团队和虚拟团队早已出现，相对而言，目前国内学者可选择的研究样本则多集中于正式组织。可以预测，随着经济全球化的不断深入，我国商业模式逐渐趋于成熟，各种团队形式不断涌现，取样的局限将会逐步打破。此外，关于非正式领导的研究，国内学者还可考虑更多以设计实验的方式进行。

其次，现有的文献研究中缺少正式领导的视角。总体来看，该领域既有的研究主要聚焦于两个视角，即分别将非正式领导作为前因变量和结果变量，本节的评述也主要围绕这两个方面展开。鲜有学者将正式领导的某些形式如变革型领导、参与型领导、威权领导、交易型领导等与非正式领导相结合研究调节效应或交互作用，这方面的实证研究还有待拓展和检验。Zhang，Waldman 和 Wang（2012）曾在研究中将非正式领导作为中介变量，探究在含有正式领导的组织中，非正式领导的涌现机制和其对绩效的影响。由此可以推测，对于正式组织而言，团队中正式领导在领导风格上的差异可能会影响不同特质的个体涌现为非正式领导的概率，比如，多数学者将华人组织中常见的领导行为——威权领导行为视为一种负向领导行为（Aycan & Kanungo，2006；Cheng，Chou，Wu，Huang & Farh，2004），这种命令式、专权式的领导行为对员工绩效和工作表现普遍具有消极影响（周明建、阮超，2010），这无疑提高了在含有威权领导的组织中非正式领导涌现的难度。相比之下，若组织中正式领导具备变革型领导特质，注重对员工的创造力激发和个性化关怀，强调施加情绪感染而不是直接的制度约束，那么在这种情境下，组织中那些具有创新精神，依靠个人才能和魅力支持共同愿景的个体可能更易涌现为非正式领导。因此，在今后有关非正式领导的研究中，后续学者可以考虑结合正式领导的风格和特质，将其作为自变量和调节变量进行更加细致的探究。

最后，有关非正式领导的研究应更多考虑不同的情境变量。这里的情境可以指宏观的文化情境或是微观的工作情境。就文化情境而言，早期的学者在北美文化背景下进行的有关领导者涌现的研究表明，智力、性别、自我监控和自我效能等与组织（团队）中领导者的涌现密切相关（Hall，Workman & Marchioro，1998；Moss & Kent，1996；Ritter & Yoder，2004；Taggar，Hackett & Saha，1999）。然而，后续的一些研究表明，此类内隐领导理论因文化的不同而不同（Brodbeck et al.，2000；House，Javidan，Hanges & Dorfman，2002；Konrad，2000）。Türetgen，Unsal 和 Erdem（2008）在女性气质和集体主义文化背景下进行的关于非正式领导涌现的研究表明，自我监控是领导者涌现的强预测因子，而自我效能感和性别因素对领导者的涌现基本无影响。后续学者在研究人格特质和心理能力对非正式领导涌现的影响时需要具备跨文化视角，可以考虑结合霍夫斯泰德的文化维度理论。就具体的工作情境而言，单一的某种行为或能力已无法适应现代领导理论的发展需求，领导者的涌现是多种要素形成“合力”的结果，由于同一时期内团队中影响非正式领导涌现的因素不止一类（如个体的知识、技能、能力、自我监控、情绪智力、动机、性别等），可以认为，不同的工作情境影响了各个预测因子的权重。比如，个体具备的 KSAs（知识、技能和能力）在工作任务复杂性较高时显得更为重要；而在高组织冲突水平的情境中，情绪智力则会成为非正式领导涌现的强预测因子（Li，Chun，Ashkanasy 和 Ahlstrom，2012），这类个体通常擅长激活团队成员的沟通交流，有效地降低冲突水平。由于不同的组织或团队在一定时期内有其发展、成员构成及内部文化的特殊性，因此，后续学者在研究非正式领导的涌现机制时把具体的工作情境考虑在内将更具针对性。

第三节 高管团队行为整合概念及其研究进展：第三象限[①]

一 TMT 行为整合的背景

虽然高层管理团队并非严格的领导概念，但其为多人正式领导提供了土壤，对高层管理团队现象和模式的研究正是领导学领域所关心的，这也导致了这一象限中纯粹的领导学概念很少。所以本书将高管团队纳入研究视野之中，把高管团队成员的互动关系视为这一象限的重点。由于有三个学派聚焦于这种互动关系（参见第三章第三节），笔者选取其中行为整合这一概念进行介绍——这也是近些年受到主流学术期刊和领导学期刊关注的概念，希望帮助读者大体了解这一领域的研究进展。

决策环境的日趋复杂，要求各类组织的高层管理者掌握更多领域的知识和信息。与此同时，随着分工的日益明细，专业化正在成为必然的发展趋势，个人不可能具备企业发展所需要的全部技能和知识，高层管理者再也难以靠单打独斗来力挽狂澜。因此，越来越多的学者聚焦于“高层管理团队”研究。其中，高管团队（TMT）的“行为整合”已经成为这一领域的热点与焦点，并在近年被引入中国，吸引了一批中国学者的关注。本节将回顾和展望 TMT 行为整合的相关研究，总结中国学者在这方面的研究现状，希望能为以后的研究者提供对话平台和研究视角。

① 本节内容改写自刘松博、周红艳（2013）。

二 TMT 行为整合的内涵及测量

（一）TMT 行为整合的界定

Hambrick 和 Mason（1984）提出了“高层梯队理论”，成为研究高层管理团队理论的里程碑，把领导学的研究对象从领导者个人提升为高层管理团队。经过十余年的深入探索，Hambrick（1994）首次提出高层管理团队“行为整合”构念，并将之界定为高层管理团队成员在思想和行动上的集体互动。这个概念比以往从领导、合作、沟通等几个方面单独考察高管团队运作过程更加全面和具体。Simsek，Veiga，Lubatkin 和 Dino（2005）为 TMT 行为整合下了更为具体的定义，即高层管理成员可以公开自由地交换信息知识、解决冲突、建立共同的看法，并把集成的策略（方法）付诸实施，从而促进公司向更好的方向发展。2005 年以后权威杂志发表的高管团队行为整合实证研究，大多都有上述两位学者所代表的研究团队的参与，对高管团队行为整合的定义和实证测量也基本上出自上述两个来源。在此基础上，中国学者姚振华和孙海法（2009）从可观察行为视角把 TMT 行为整合定义为高管团队主动积极地分享信息资源和决策的行为过程。

（二）TMT 行为整合的结构与测量成员

无论在哪种定义下，TMT 行为整合都是一个过程变量。Hambrick（1994）所提出的 TMT 行为整合概念，是将它与组织结果联系起来，获取三个增强高层管理团队过程的相互关联的关键要素，包括信息交换的数量和质量（quantity and quality of information exchanged）、合作行为的水平（level of collaborative behavior）和联合决策制定（joint decision making）。团队合作的水平是社会维度，信息交换的数量和质量、联合决策制定则属于任务维度。这三个过程要素相互强化，比结构过程（如内聚力、社会整合和沟通质量）更能代表团队层次的整体性和一致性，能获得团队运作效率的整体效果，比单独研究其中的一个维度对团队运作的影响更有意义（Siegel & Hambrick，1996）。Simsek，Veiga，Lubatkin 和 Dino（2005）首次进行了高管团队行为整合概念的实证研究，其研究结果支持了行为整合的三个维度。马可一（2005）在对民营企业高管团队信任模式演变与绩效机制的研究中，采用了 Simsek 等（2005）的量表测量 TMT 行为整合，验证了合作行为、信息交换和联合决策三个维度在中国背景下的适用性。

Hambrick 的行为整合强调高管团队成员互动过程的核心变异，Simsek 的行为整合则更多关注高管团队成员互动体现的相同内容。孙海法、刘海山和姚振华（2008）在中国背景下发现沟通频率是行为整合的一个重要维度，他们综合上述两位西方学者强调的侧重点，所以提出行为整合包括：沟通频率、信息分享性、决策参与、合作行为四个维度。古家军（2009）通过因素分析得出 TMT 行为整合包括四个维度：合作行为、信息交换、联合决策、有效沟通。他的研究验证了孙海法等人的研究中所设想的 TMT 行为整合中沟通频率的存在。迄今为止，TMT 行为整合的结构所包括的维度到底如何并没有定论。考虑到沟通行为本身可嵌入于合作和信息交换等行为中，从本质上看，TMT 行为整合结构无论是分为三个维度还是四个维度并没有太大的区别。

关于 TMT 行为整合的量表建构，Li 和 Hambrick（2005）仅用四个题目测量行为整合，忽略了高管团队的开放沟通和团队合作维度，所以并没有得到学术界的普遍认可。Mooney 和 Sonnenfeld（2001）设计编制了 5 个项目以测量 TMT 行为整合，但仍不够全面。随后，Simsek 等学者（2005）在总结 Mooney 和 Sonnenfeld 的行为整合量表和 Seers 的团队成员信息交换质量量表的基础上，开发了测量高管团队行为整合的9项目量表，每个维度都用三个题目进行测量。其量表的部分项目如下：TMT 成员交换的想法质量很高（信息交换）；当 TMT 一个成员很忙时，其他成员很愿意帮助她/他（合作行为）；TMT 成员经常让彼此知道他们的行为会影响其他成员的工作（联合决策）。这一量表在之后的研究中渐渐成为主流的行为整合测量工具。姚振华和孙海法（2009）后来提出的决策参与、开放沟通和团队合作三个维度的量表，大体上也是在 Simsek 等人提出的框架之内。

三 TMT 行为整合的前因变量

Hambrick（1994）认为高管团队行为整合的决定因素主要分为三类：公司层次变量、团队层次变量、个体层次变量。公司层次的变量包括企业所属的行业、企业规模、企业所在的发展阶段、企业的外部环境等因素；团队层次的变量包括高管的人口统计特征、团队关系、团队认知等；个体层次的变量则包括 CEO 领导方式、人格、高管团队其他成员的感知等。

（一）公司层次的变量与行为整合

Li 和 Zhang（2002）研究发现行业增长与行为整合之间表现出正相关性，市场化与行为整合呈正相关性。姚振华与和孙海法（2009）的研究发现国有企业、民营企业、外资企业、党政机构四类组织的 TMT 行为整合存在差异。党政机构的团队合作与决策参与均值最高，外资企业的决策参与和团队合作均低于其他三类组织，TMT 行为整合得分由高到低分别是国有企业、民营企业和外资企业。他们的研究还发现：创业初创期高管团队行为整合三个维度的聚合度最高，其他三个发展阶段高管团队行为整合三个维度离散度明显增加。可以确定，不同性质组织的 TMT 行为整合存在不同，以及组织的不同发展阶段的 TMT 行为整合存在差异。在现有的大多数关于 TMT 行为整合的实证研究中，多把公司层次相关变量作为控制变量。

（二）团队层次的变量与行为整合

1. 人口统计特征与行为整合

人口统计特征一直都是 TMT 研究者关注的重点，“社会分类”与“社会身份”等理论认为高管团队人口统计组成的静态特征会对团队的动态运作过程产生影响。Smith 等（1994）对高科技行业的 53 家公司进行了研究，发现高管的人口统计特征会影响团队的非正式沟通和沟通频率。Simsek 等（2005）的研究结果也表明 TMT 统计特征确实对高管团队行为整合水平起到解释作用：教育异质性与团队行为整合正相关，任期和功能异质性没有相关；团队任期对行为整合的形成没有影响。姚振华和孙海法（2011）在高管团队组成特征、沟通频率与组织绩效的关系研究中发现，高管团队平均年龄与沟通频率负相关。这与 Taylor（1975）的研究发现基本一致；高管团队平均教育程度、平均任期与沟通频率存在显著正相关。但是姚振华和孙海法（2010）研究还发现团队规模与 TMT 行为整合之间呈负相关，高管团队的多项异质性与行为整合显著负相关。然而，研究并没有发现团队教育水平和 TMT 行为整合的相关性，而且也没有证实团队的平均任期与 TMT 行为整合存在显著正相关。显然，这一领域的研究结果比较复杂，还需要进一步更具体和深刻的分析。

2. 团队关系特征与行为整合

团队关系的关键特征之一是团队信任，这主要是指团队成员有好的工作动机和目的，团队成员的知识和能力得到尊重，相互间开诚布公。Simons 和 Peterson（2000）指出人际间的高度相互信任与团队行为整合有强相关性。马可一（2005）发现高管团队的关系导向信任会极大地激发高管成员工作的热忱，对工作更强的承诺，从而提高高管团队的合作行为、信息交换和联合决策水平。姚振华和孙海法（2009）的研究也发现信任与 TMT 行为整合之间成正相关。信任能够促进高管团队成员主动分享信息资源，加强团队合作，积极参与决策，从而影响 TMT 整合。

团队冲突是团队关系的另一个重要特征。不同类型的冲突可能给团队成员带来不同的影响，在一定程度上会影响团队成员之间的交流、沟通，进而影响到行为整合。Li 和 Hambrick（2005）通过实证研究发现，情感冲突与行为整合表现负相关性；任务冲突与行为整合之间不存在相关性，情感冲突调节派系断层大小与行为整合之间的相关性，但任务冲突无法调节派系断层大小与行为整合之间的相关性。

3. 团队认知特征与行为整合

团队认知包括团队目标一致性和共享战略认知等内容。高管团队成员对公司战略目标和执行方案达成一致理解和认同，能降低内耗，对提升团队行为整合非常关键。姚振华和孙海法（2009）研究发现高管团队目标一致性偏好与 TMT 行为整合之间存在相关性。Carmeli 和 Shteigman（2010）在对中小企业的高层管理团队行为整合的研究中，以社会认知角度证实了 TMT 认知与 TMT 行为整合存在显著正相关。

（三）个体层次变量与 TMT 行为整合

高层管理团队的领导者（CEO）至关重要，是团队与外部环境的中介，作为 TMT 的核心，负责协调、整合、指导、激励成员，使团队顺利前进（Zaccaro & Klimoski，2002）。CEO 的个性和行为与高管团队有显著关系，除非 CEO 能够充分利用团队的多样性并积极听取团队成员意见，否则一个多样性的团队对战略选择和企业绩效影响很小（Pitcher & Smith，2001）。而 CEO 的行为是被其价值观引导的，其中集体主义导向对高管团队的运作过程影响最大（Chen，Chen & Meindl，1998）。集体主义导向高的 CEO 会更强调团队内的合作、沟通和分享；而个人主义导向强烈的 CEO 则会抑制团队的多样性，其个人目标可能和团队目标发生冲突。Simsek 等人（2005）的研究证实了 CEO 的特征（包括 CEO 的集体主义导向和 CEO 任期）与 TMT 行为整合成正相关。Ling，Simsek，Lubatkin 和 Veiga（2008）以 152 家中小型企业作为调查对象研究了变革型领导对行为整合的影响，结果显示变革型领导特征有助于实现行为整合的社会、任务两大过程要素。也有实证研究发现 CEO 授权领导与 TMT 行为整合呈正相关（Carmeli，Schaubroeck & Tishler，2011）。此外，高管团队的其他成员个人情况也会影响到行为整合水平。Kim 和 Mauborgne（1996）发现报酬平等性会影响高管人员对程序公平的感知，进而影响高管团队成员的行为整合水平。

四　TMT 行为整合的结果变量

TMT 行为整合研究的结果变量可以分为三个层次：企业绩效、团队绩效、个人绩效。

（一）TMT 行为整合对企业绩效的影响

高行为整合的高管团队能够快速适应变化的竞争环境，从而提高企业的绩效（O'Reilly，Snyder & Boothe，1993）。高管团队行为整合对服务型组织的绩效有支持作用（Carmeli，Schaubroeck & Tishler，2011）。TMT 行为整合较少的企业在及时地适应外在挑战时存在一定的困难（Hambrick，Cho & Chen，1996）。同样，Hambrick（1997）通过研究再一次指出行为整合有助于高管团队整合知识和洞察力，以便快速响应市场需求的变化、创造核心竞争力、发展全球化战略。Li 和 Zhang（2002）发现 TMT 行为整合提高了产品创新强度。Chen，Lin 和 Michel（2010）研究发现 TMT 行为整合与公司行为侵略性之间存在显著正相关，他们的研究也证明了 TMT 行为整合能够促进公司快速拓展市场、推广新产品、提供新服务等。Ling 等（2008）的研究指出，行为整合的团队可以推动企业的公司创业行为，而企业的公司创业行为又包括创新、风险投资和战略的重新定位。Lubatkin，Simsek，Ling 和 Veiga（2006）对 139 家中小企业进行实证研究发现行为整合可以在一定程度上弥补中小企业的资源短缺，并且验证了高管团队的行为整合与企业的二元性呈正相关：行为整合程度越高，企业的二元性倾向就越大。这一结果表明了高管团队内部运作机制（包括信息交流、团队协作和共同参与决策）对于形成二元创新战略导向的重要作用。通过对 116 家企业高管团队的调查，Carmeli 和 Schaubroeck（2006）探讨了高管团队的行为整合对战略决策质量的解释力以及对企业衰落的影响，发现高管团队的行为整合越高，战略决策质量越高，也发现了行为整合对组织衰退有直接和间接的负影响，TMT 行为整合能够降低组织衰退的速度。Gu 和 Xie（2009）通过实证研究，发现信息交换数量与质量、合作行为水平、联合决策、有效沟通分别与企业战略决策速度和公司绩效之间有显著正相关；国外学者对 TMT 行为整合与企业绩效的实证研究充分显示，TMT 行为整合能够促进企业绩效提高，提高决策质量，能够帮助企业快速地掌握市场相关信息并迅速对市场变化做出反应，从而为企业重新确定战略方向，还能够降低企业衰落的速度。国内学者对 TMT 行为整合的实证研究，也验证了 TMT 行为整合对企业绩效具有促进作用。马可一（2005）、杨云（2009）、姚振华和孙海法（2011）等研究都得到了同样的结论。

（二）对团队绩效的影响

行为整合对团队绩效的影响，主要包括团队决策水平、团队效能、团队创新力。及时有效的沟通有利于团队中信息的及时传播和成员间知识的共享，促进团队成员之间互动交流，保证团队无形资产的流动性，从而更快、更有效地达到共同目标；高水平合作有利于人力资源的优化配置，充分发挥成员异质化的作用，高效地完成一些具有相互依赖性的任务；共同决策能够充分掌握多方面信息，有利于快速整合各个成员的观点，提高决策的效率，进而提高团队的工作效率。从这三方面看，行为整合对团队效能具有促进作用。Siegel 和 Hambrick（1996）认为，在高行为整合的团队中，认知冲突为团队成员提供更多探讨战略和决策的机会，因此能够更充分地利用可代替知识，并表现出更好的团队绩效。他们的研究发现 TMT 行为整合与团队决策水平和团队绩效呈正相关。Mooney 和 Sonnenfeld（2001）研究发现行为整合与情感冲突、认知冲突呈负相关。TMT 行为整合有助于建立信任与互惠，加强重点，并有助于团队任务的完成（Coleman，1990；Granovetter，1985；Uzzi，1997），争取高团队承诺与团队决策质量（Carmeli & Schaubroeck，2006）。Carmeli 和 Halevi（2009）认为信息交换作为行为整合的要素之一，可以使信息更完整，有助于决策的选择，从而提高团队的决策效能。行为整合对于团队效能的提高具有积极的作用，高行为整合的团队通过合作行为、信息共享和共同决策，可以大大缩减应对环境变化的时间，更加快速地对市场信息（如顾客需求变化）做出相应的反应（Hambrick，1998；Smith et al.，1994）。Carmeli，Schaubroeck 和 Tishler（2011）发现 TMT 行为整合可以提高 TMT 效能。张平（2006）认为团队行为整合程度越高，团队的情感冲突越低。

（三）对个人绩效的影响

在已有的研究中，高管团队行为整合对团队成员个人绩效的影响，主要包括成员的技能、企业家精神等。高行为整合程度的团队以成员之间信息交换的公开、及时为特征，有利于团队成员更快地获取有价值的知识、信息以及互补的技能（Faraj & Sproull，2000）。蒋春燕（2011）实证研究发现 TMT 行为整合对企业家精神有促进作用。Carmeli（2008）通过实证研究发现 TMT 行为整合对人力资源表现有促进作用，人力资源表现包括：吸引和留住有才华的员工，使员工愿意发挥自己综合能力与潜力，从而提高员工个人表现；管理层成员和员工之间的关系，提高员工个体主人翁的意识；以及员工之间的关系，当员工感受到良好氛围时就会更加努力地工作，个人表现就会更加出色。

五　TMT 行为整合的作用机制

TMT 行为整合为什么会产生不同的结果？Carmeli 和 Halevi（2009）通过文献梳理，构建了 TMT 行为整合、TMT 行为复杂性、外部环境以及组织二元性之间的模型，他们发现高管团队行为复杂性可以调节 TMT 行为整合与组织二元性之间的相关性，并且环境二元性（组织外部环境与组织管理流程）在 TMT 行为复杂性—TMT 行为整合—组织二元性的中介效应中起到调节作用。Chen，Lin 和 Michel（2010）研究发现组织外部竞争性调节了 TMT 行为整合与行为侵略性之间的相关性，而公司行为侵略性调节了 TMT 行为整合与公司绩效之间的相关性。杨云（2009）发现高管团队决策质量能调节行为整合与企业绩效之间的关系。这些发现都增进了人们对 TMT 行为作用机制的理解。Carmeli 和 Shteigman（2010）研究发现团队认知是组织外部威望感知与 TMT 行为整合的中介变量，团队认知是高管团队外部威望感知与 TMT 行为整合的中介变量。

六　TMT 行为整合研究简评与展望

（一）简评与未来的研究方向

高层管理团队行为整合研究尚处于起步阶段。不同的研究者对 TMT 行为整合的内涵认识仍有分歧，TMT 行为整合是一个动态过程变量的特征也给其界定带来难度。但从概念的外延和结构上看，笔者认为三个维度或四个维度的差异不大，这是因为四维结构中所多出的有效沟通其实在合作水平、联合决策和信息交换这三维中都会有体现，只是更加得到强调而已。所以在测量上并没有形成实质性的分歧。

在前因变量研究中，已有文献关注的变量还不够丰富，很多变量还没有进入研究者的视野，比如公司层次中的行业环境，团队层次中的氛围，个体层次中成员的个性、感知或 CEO 风格等领导变量非常少见。因此，未来的研究有必要拓展前因变量的范围。最为重要的是，前因变量如何影响 TMT 行为整合的机制研究几乎没有得到关注，相应的中介与调节变量研究很少，这是现有研究的一个重大不足，对于人们认识行为整合现象本身构成了障碍，以后的学者应该深入探索前因变量与 TMT 行为整合之间的中介变量以及调节变量。

通过实证研究可以确定，TMT 行为整合与企业绩效、团队绩效以及个人绩效之间存在显著相关性。现有研究对这一过程中的调节变量和中介变量进行了初步的探索，但仍不够充分，未来的研究可以在此基础上进行更多的尝试，比如对于 OCB 等结果变量的影响，以及对于更多影响机制的研究仍有待进一步深入。从研究方法上看，目前使用跨层次分析（HLM）以综合探讨不同层次的影响效果和机制的研究还很少见，这种方法的引入将在未来有助于学界更好地理解 TMT 行为整合现象。值得关注的是，TMT 行为整合本身作为调节变量的可行性还没有被重视。Li 和 Hambrick（2005）研究发现行为整合能够调节情感冲突与组织绩效之间的负相关性。马富萍和郭晓川（2010）的研究中发现高管团队行为整合对高管团队任期、教育水平、专业和职业背景异质性与技术创新绩效的关系起到了调节作用。这样的研究很有意义却不多见。在未来的研究中，这一思路应该得到更广泛的应用。

（二）对于我国高层管理团队行为整合研究的展望

关注 TMT 行为整合问题的国内学者还比较少。他们对 TMT 行为整合引入中国做出了开创性的贡献，并结合中国样本进行了有益的尝试，取得了一定的成果。但作为一个重要而新兴的学术领域，TMT 行为整合仍然有非常多的问题需要得到探讨和解决。对于中国的学者而言，除继续跟进西方的前沿研究外，更为重要的是用 TMT 行为整合这一概念解决本土的管理问题。这主要体现在如下两个方面。

1. 本土化 TMT 行为整合理论研究

国内学者在应用 TMT 行为整合理论时，往往直接运用西方 TMT 行为整合相关研究。考虑到中国人在沟通和合作时有鲜明的文化特点，直接使用西方理论可能对实践的指导意义大打折扣，我们有理由相信把中国特有文化及本土化因素注入 TMT 行为整合研究过程中会得到更有针对性的本土理论，结合权力距离、家长式领导、中庸思维等中国管理学理论可能为 TMT 行为整合研究带来不同的视角，丰富 TMT 行为整合理论，也有助于加深 TMT 行为整合对组织发展的深层理解。进一步地，可以进行中西方 TMT 行为整合的比较研究，从而为中国的管理理论和实践带来更加切实的帮助。

2. 不同性质企业组织的 TMT 行为整合研究

姚振华和孙海法（2009）的研究发现：国有企业、民营企业、外资企业、党政机构四类组织的 TMT 行为整合存在很大差异。他们研究并没有证实是什么因素造成这四类组织的差异。贺立军和王云峰（2010）对高校领导团队行为整合进行了研究。考虑到中国的组织类型极为复杂，各种组织的运行情况差异较大，国内学者对不同性质组织 TMT 行为整合差异性相关研究明显不足。因此，未来的研究应该深入研究不同性质组织的哪些因素影响到了 TMT 行为整合，探析不同性质组织 TMT 行为整合影响机制，并进行比较，帮助各类组织提高 TMT 行为整合的质量。

第四节　共享式领导与分布式领导：第四象限

共享式领导和分布式领导是第四象限中出现频次最高的两个概念，分别吸引着一批活跃的学者投身其中。在共享式领导的代表性学者 Pearce 和 Carson 等（Carson，Tesluk & Marrone，2007；Pearce，2004；Pearce & Conger，2003b；Pearce，Manz & Sims，2008；Pearce & Sims，2002），以及分布式领导的代表学者 Gronn 和 Spillane 等（Gronn，2002；Spillane，Halverson & Diamond，2001，2004）的努力下，两个概念流派近些年取得了丰富的成果。不同于这个象限中的其他概念，这两个概念虽然仍在发展之中，但已经建立了较为厚实的理论基础，拥有规模日益扩大的追随者和对话群体。本节会对这两个概念进行介绍，并就二者的差异展开比较。

一　共享式领导

Carson，Tesluk 和 Marrone（2007）认为共享式领导是因领导力分布于团队多个成员之中而自然产生的领导模式，他们的重大理论突破是指出共享式领导现象本身是一个由个体领导到全员领导的连续统一体（continuum），这样就意味着对任何团队都可以用这个共享式领导的角度来分析，只是共享程度高低的问题。Pearce 和 Conger（2003b）认为共享式领导是一个群体中多个个体为了实现群体目标和个体目标而互动的影响过程，这种影响过程包括同事之间的横向影响，而非上下层级之间的纵向影响。

共享式领导作为领导学研究中的最新进展之一，西方学者一直对此概念不断深入研究，尤其最近几年已经逐渐成为主流学术概念。除了相关文献大量涌现之外，2007 年管理学顶级杂志 *Academy of Management Journal* 发表了实证类的文章（Carson，Tesluk & Marrone，2007），表示出主流学界对这个领域的关注。自 2009 年起，最近几年的美国管理学会年会大都有专门研讨共享式领导的专题讨论会（Caucus 或 Symposium）。中国学者对于这个概念也开始表现出兴趣，并且有零星的文章发表，笔者共享式领导的课题还于 2011 年得到了国家自然科学基金的资助。

目前对于共享式领导的研究集中在如下几个方面。

（一）共享式领导的运行模式及相关主体间的互动关系

比如：Locke（2003）提出的从上至下的领导模式、自下而上的领导模式、共享模式和相应的整合模型；Avolio，Sivasubramaniam，Murry，Jung & Garger（2003）提出了加性模式、直接一致模式、指示对象转移模式和共享模式；Mehra，Smith，Dixon 和 Robertson（2006）总结出传统结构、分布团队领导结构、分布－协调团队领导结构、分布－分裂团队领导结构四种类型的运行模式；Seibert & Goltz（2001）则提出统一群体模式、带有隔离者的统一群体模式、群体两极化模式、多联盟体模式和群体分裂模式。

（二）共享式领导的影响要素

例如，Carson，Tesluk 和 Marrone（2007）提出这些先行要素可以分为内部的和外部的两大类别。内部的团队环境包括共享的目标（shared purpose）、社会支持（social support）和声音（voice），外部的环境主要是外部团队辅导（external team coaching）。Wood（2005）认为分布式领导的决定要素是团队授权行为（empowering team behaviors）和水平结构（horizontal team structure）。

（三）共享式领导的内容与结构

例如，Avolio 等（2003）将团队层面的共享式领导总结出 5 个维度，并在此基础上开发出了团队多因素领导问卷（team multifactor leadership questionnaire，TMLQ），这 5 个维度分别为智力激发、被动例外管理、鼓舞领导、个性化关怀和主动例外管理。Hiller，Day 和 Vance（2006）则提出了计划与组织、问题解决、支持与关怀、开发与辅导共 4 个维度，并据此开发了 25 个条目的问卷。可惜的是，由于其概念内涵没有得到更多学者的认可，调查中的样本也比较有限，所以这些开发出的问卷使用者寥寥。

另外，Klein，Ziegert，Knight 和 Xiao（2006）提出了去个人化（deindividulization），Gronn（2002）提出了相互依赖（interdependence），以及经常见到的授权（empowering）、开放的沟通（open communication）、多样的专长（varieties of expertise）等都是可能的结构维度，需要进一步的研究和确定。

从以上研究中可以看出，学者们对共享式领导的结构和内容研究的成果没有达成共识，角度各不相同，尚无法用于普遍的真正测量，西方的主流研究也很少从这个角度来测量共享式领导。

（四）验证共享式领导对于团队绩效以及相关变量的实际影响和预测作用

Katz 和 Kahn（1978）很早就提出，共享领导力会为组织提供竞争优势。但是，对他们这个判断的实证支持多年后才出现。从仅有的几篇实证文章来看，学者们关心的结果变量包括产出、质量、变革、组织与计划、人际关系、价值观等方面的有效性（如 Pearce & Sims，2002），企业收益、员工成长等指数的变化（如 Ensley，Hmieleski & Pearce，2006），还有团队满意度、团队效能、团队销售和绩效等（如 Mehra，Smith，Dixon & Robertson，2006；郑晓明、李祎，2009）。可以看到，共享式领导对于研发团队的影响目前还没有得到验证，尤其是针对中国情境的实证研究目前还十分缺乏。郑晓明和李祎（2009）对此进行了探索，他们以普通工作团队为样本，对于团队情绪智力在共享型领导和团队绩效之间的中介作用进行了探讨，其结果证明了共享型领导在中国背景下的适用性。王永丽、邓静怡和任荣伟（2009）则以参加全国性商业实战挑战赛中的团队为样本，发现共享式授权型领导行为比垂直式授权型领导行为能更显著地预测团队绩效。

（五）未来对于共享式领导的研究方向

首先是对共享式领导与传统或垂直领导进行整合研究。虽然前人已经在某些方面证实共享式领导比传统或垂直领导更为有效，但是二者的整合研究还很缺乏。Morgeson，DeRue 和 Karam（2010）根据领导的正式与否（正式领导和非正式领导）和领导所处的位置（内部领导和外部领导）这两个维度，区分出四类团队领导来源，并指出学者们并没有考虑到团队领导从不同来源共同作用的可能性。未来的研究应该整合其中的共享式领导和垂直式领导，分析它们的交互作用及其实证结果，从而弥补现有研究中被 Morgeson，DeRue 和 Karam（2010）指出的这一不足。

其次是完善共享式领导的测量方法。如前所述，由于共享式领导的结构和内容并没有共识，现有的共享式领导测量并没有采用直接测量其内容的方法，而是主要依靠两个工具。一个是以 Pearce 和他的同事们（2002，2004，2008）为代表，测量个体团队成员对某种领导风格在团队中共享程度的认识，然后将之聚合成团队层次共享式领导的指标值。为了更好研究共享式领导对团队组织活动的影响，需要学者深入研究与开发完整统一的量表。特别是中国文化与西方存在差异性，研究在中国情景下共享式领导对组织结果的影响，更需要开发适合本土的测量量表。另外是以 Mehra，Smith，Dixon 和 Robertson（2006）以及 Carson，Tesluk 和 Marrone（2007）为代表，采用社会网络分析方法。总体而言，这个方法只能描绘领导力分布模式，但是不能显示领导力共享的程度。按照 Méndez（2009）和 Mayo，Meindl 和 Pastor（2003）的建议，以后研究还可以从集中度（centralization）这一指标进行评价。此外，领导网络分散度（de-centralization）也是值得探讨的方向。

再次是实证探索研究共享式领导产生的情境因素。前人对共享式领导形成机制的研究，主要是停留在理论借鉴与分析阶段，缺乏现实数据的直接证明，需要学者深入研究什么样条件下容易产生共享式领导，如外部环境特征中动态性、复杂性与敌对性，员工特征中自控性与开放性，以及任务特征中紧急性、重要性与关联性对共享式领导产生是否有显著影响，影响程度多大。此外，目前研究绝大多数是以西方团队为样本。今后研究可以延伸至中国团队样本，观察在中国文化背景下，共享式领导在企业中的价值所在，为中国本土理论研究贡献新的知识。

最后是打开共享式领导对团队绩效作用机制的“黑箱”。目前的实证研究表明共享式领导对团队绩效有很好的预测效应。比如，Pearce 和 Sims（2002），Ensley，Hmieleski 和 Pearce（2006），Carson，Tesluk 和 Marrone（2007），郑晓明和李祎（2009），以及王永丽、邓静怡和任荣伟（2009）都发现了二者之间的正相关；Mehra，Smith，Dixon 和 Robertson（2006）虽没有发现普遍的正相关关系，但他们发现特定结构的共享式领导具有预测效应。然而上述研究，除了郑晓明和李祎（2009）以及王永丽、邓静怡和任荣伟（2009）外，都没有对共享式领导和团队绩效二者之间的作用机制进行分析。共享式领导是直接影响群体，还是借助其他变量来影响群体结果？如果共享式领导需要借助中介变量间接影响群体结果，组织认同、心理契约或者心理授权都存在潜在的中介作用。不仅如此，共享式领导在什么情景下能发挥最大的效能，不同的组织氛围、心理安全或关系质量是否存在调节效应，这些都需要未来的理论探讨和实证分析。

关于共享式领导更为详细的综述，感兴趣的读者可以参考刘博逸（2012），以及孙利平、凌文辁、方俐洛（2009）。另外，Pearce 和 Conger（2003a）主编的文集对这一概念有非常深入的解读和分析。

二　分布式领导[①]

麻省理工学院斯隆管理学院的领导力中心堪称世界最有影响

① 本节内容改写自刘松博、许惠龙（2012）。

的领导力研究机构，其网站首页醒目位置有该中心代表人物彼得·圣吉（Peter Senge）的这样一个判断：领导力是分布的；领导力并非只属于CEO，它能够且应该渗透到公司的所有层级中。管理大师明茨伯格于2006年特地在《金融时报》上撰文，提出组织应该将以个人为中心的领导模式转变为分布式领导。他提出，分布式领导就是组织的不同成员根据自己的能力和环境条件的变化动态地分享领导角色。麻省理工学院领导力中心甚至决定将未来20年的研究重点放在分布式领导之上。

管理学的另一位大师查尔斯·汉迪也指出了分布式领导的重要意义，并且还用一个赛艇团队的例子说明了分布式领导的模式。比赛时，领导角色由站在船尾的矮个子担任，他可能并不会划船。尾桨手决定划桨的节奏，所以也是领导者。此时的船长只是一个普通的桨手。而在不比赛时，船长和教练分享着领导的角色。这也正与分布式领导开创学者Spillane和Diamond在2007年提出关注领导者、下属和情境三者的互动过程相吻合，他们认为随着时间和环境的推移，领导和下属的角色可以交换，而在某一具体时刻，领导者可以多于一人。极端情况下，所有人都可以共享领导角色。

Gronn（2002）提出分布式领导有三种形成的方式，自发的（spontaneous）、本能的（intuitive）和制度化的（institutionalized），这对于认识分布式领导的运行模式有很大的帮助。如果为了解决某一问题，多人甚至是所有人都贡献出知识和领导力，问题解决完后大家的合作自动消解，几乎没有人意识到自己也提供了领导力，这就是自发的分布式领导。如果经过一段时间后，两人或两人以上形成了紧密的合作关系，合作伙伴也都意识到自己是“共同领导”，这就是本能的分布式领导。如上的前两种情况在项目研发团队或咨询团队中都是比较常见的。而如果企业通过正式的制度或结构的调整将领导力分散下去，不管是正式领导还是非正式领导，都是在这样正式的安排下产生的，这就是制度化的分布式领导。

作为一个新的管理概念和领导模式，分布式领导也自然引发了一些疑问，比如，是不是新瓶装老酒，是不是就不需要集权领导了，会不会带来多头领导或无领导状态等。解释这些疑问将有助于这一概念（也包括共享式领导等第四象限概念）的理解和推广。

分布式领导不等于分权。对分布式领导的主要质疑在于这个概念并没有新的内容，只不过是分权或授权的另一种表达方式。其实，分权或授权向外扩散的是“权力”（power），而分布式领导向外扩散的是“领导力”（leadership），这两个词显然有着本质的区别。分权分出去的是决策权、人事权、财务权等处理具体事务的正式管理权限，而分布式领导分出去的则是愿景激励、个性化关怀、领袖魅力、德行垂范等与特质和行为相关的影响力，正式的领导和非正式的领导往往并存。分权和分布式领导可能在很多时候表现出相关性，但是并没有逻辑上的必然联系。

分布式领导不排斥集权。既然权力和领导力并不必然相关，分布式领导自然也可与集权领导同时出现。有学者提出卓越的战略集权领导其实为分布式领导创造了一个共享和参与的文化（Ancona & Bresman，2007）。如果没有战略领导，分布式领导也很难顺畅运行，其效果也不会好。战略领导在这里成为分布式领导的一个必要条件。战略领导在共享的条件下才会更有效率，领导者应该更多地将知识和领导力共享，而非简单地放弃权力或授权。从运行模式来看，层级组织是分布式领导的保障，在一个实施分布式领导的团队中，很多例如由谁来做和做什么的基本决定，可能仍然是由团队外部的层级领导做出的。

另外，人们所担心的多头领导或无领导状态还是从“权力”角度界定的，显然，这与分布式领导也没有绝对的因果关系。需要指出的是，有学者将“授权”作为分布式领导的一个维度加以分析，即便如此，如上的担心也是不必要的。李洁芳（2008）提出，如果出现某一阶段由多人担任领导角色的情况，也是因为这一阶段有多项工作，每一具体工作由一个有相应专长的个体负责，而不是同一工作由多人共同领导，更不是没有明确的领导，因此不会导致多头领导或无领导的情况。

分布式领导的现有实证研究以案例为主，缺乏大样本分析。感兴趣的读者可以参考李洁芳（2008），张晓峰（2011）或 Bolden（2011）的综述。另外，Spillane 和 Diamond（2007）主编的论文集对这一概念有非常深入的阐述和研究。

三　共享式领导和分布式领导的比较

共享式领导和分布式领导是高度重叠的，Ensley，Hmieleski 和 Pearce（2006）甚至发现二者之间在很多文献中都是通用的。Spillane 和 Diamond（2007）也提到分布式领导经常被用作共享式领导的同义词。然而，由于两个概念的追随者来自不同的学术领域，所以在应用这两个概念时还是有一些特定的差异，虽然这些差异并不是十分明显。之所以并没有把其他象限中高度重叠的概念列出差异，而在书中只介绍共享式和分布式领导的差异，是因为第四象限中的这两个代表性概念的差异也能够反映出后英雄式领导的研究现状和发展。

第一，使用共享式领导概念的学者一般来自经济管理领域，而使用分布式领导概念的学者则大都来自教育管理领域。这两个领域的学者是分别独立做研究的。根据 Pearce 和 Conger（2003a）这两位共享式领导的权威学者考证，共享式领导概念的起源被认为归功于 Follet（1924）；而教育管理学者 Gronn 作为分布式领导的代表性学者，则认为分布式领导概念起源于 Gibbs（1954）。表3－6的频次统计数据也能够反映出这一不同：分布式领导并没有在管理学顶级期刊中留下过“足迹”，这也部分因为这些顶级期刊都是一般管理学（General Management）期刊，而非关于教育管理的专业期刊。当然，这一差异有时也并不绝对，读者也可以看到教育领域的期刊中有使用共享式领导的文献（如 Gregory，1996；Rice，2006），或者经济管理领域的期刊中有使用分布式领导的文献（如 Mehra，Smith，Dixon & Robertson，2006）。

第二，Spillane 和 Diamond（2007）在区分分布式领导和共享式领导时，提到分布式领导者并不需要面对面的合作，不需要很好的互动关系，甚至不需要有共同的目标，并且通过案例生动地描述了分布式领导的这一特点。但是在共享式领导研究中，共同的目标（Carson，Tesluk & Marrone，2007）被发现是共享式领导的重要预测变量。在这方面，合作式领导（collaborative leadership）与共享式领导更为接近，Spillane 和 Diamond（2007）就是将合作式领导和共享式领导放在一起同分布式领导进行比较的。

第三，共享式领导一般被视为团队层次的领导现象，而分布式领导则往往被视为组织层次的现象，这就形成了二者在研究中分析层次的差异。从表3－5可以看到，不同来源的共享式领导定义都在强调团队层次。在所有的实证研究中，共享式领导都是作为团队层次的领导现象被测量的，并用其来预测团队的结果变量。分布式领导的实证研究大都是案例分析形式的，围绕校长的领导力分布到其他教师身上，看其对学校改善（如 Burch，2007）、教学实践（如 Coldren，2007），或者学生表现（如 Diamond，2007）等结果的影响。当然也有例外，如 Cater III 和 Justis（2010）就在企业层次使用过共享式领导这一概念，Mehra，Smith，Dixon 和 Robertson（2006）则在团队层次使用过分布式领导，这些零星的文献虽然数量不多，但也模糊了二者之间的使用边界。

第四，也有学者认为共享式领导和分布式领导是两种不同的领导模式（Méndez，2009）。在分布式领导模式中，一组角色或行为可以被多个人执行，其定义的关键要素就是分工（Division of Labor）（Gronn，2002）。而在共享式领导模式中，所有的成员都可以参与所有的角色和行为，并没有强调分工和细化（Pearce，2004）。这是一个很有趣的，也很有前景的区分，因为这两种模式在操作化和预测效力上应该是有差异的。然而，Pearce 和 Conger（2003）也在共享式领导的框架下讨论过非正式领导由于特定的知识或技能而表现出领导力的案例，说明共享式领导的研究者并不排斥分工。另外，也有学者在分布式领导框架下不讨论分工的情况（如 Mehra，Smith，Dixon & Robertson，2006）。所以，Méndez（2009）所区分的两种领导模式虽然有意义，但不必然在共享式领导和分布式领导的概念下讨论。

上述四条差异之中，第一条差异是非常重要的。目前共享式领导被更多地用在团队层次且不强调分工的现状也是由于这一概念被更多地应用于经济管理领域，尤其是由于组织行为学学者对概念的操作化更感兴趣，希望能够用更简易方便的方法收集到大样本的数据。结果，对共享式领导的测量有很多的尝试（如 Carson，Tesluk & Marrone，2007；Hiller，Day & Vance，2006；Mehra，etc.，2006），但是对于教育学领域中分布式领导的操作化测量就非常有限（如 Hulpia，Devos & Keer，2010）。

虽然从不同的角度看，共享式领导和分布式领导存在细微的差异，但是也可以看到这些差异并非十分清晰。大体而言，二者的内涵还是相同的，不同领域的学者可以斟酌选用相应的概念进行研究。对于管理学者而言，笔者还是建议将共享式领导作为这一象限中的核心概念。

第五章

后英雄式领导的作用机制研究

在前文中，笔者介绍了后英雄式领导的概念丛林和四象限分类框架，并在每个象限中都选取了一个代表性概念，介绍其研究现状和发展。本章会通过实证分析的方法，对后英雄式领导家族中两个代表性概念的作用机制进行深入讨论。这两个概念分别是上一章中详细介绍过的松-紧领导和共享式领导。这两个概念来自后英雄式领导概念丛林所形成的“连续统一体”的两端，如果说松-紧领导是刚刚展露出后英雄式领导特质的概念，共享式领导则充分表现出了后英雄式领导的深意，彻底没有了英雄的色彩，而其他概念都处在靠近某一端的这个连续统一体上。对于两个端点的分析，有助于读者了解整个的后英雄式领导概念家族。对员工而言，领导行为往往是高层次（团队或组织层次）的变量，所以后面的实证分析都是跨层次的研究设计，以团队为基本背景，力图理解团队层次的后英雄式领导行为是如何影响团队中的员工或者团队本身的表现的。

第一节　松-紧式领导对员工创造性的跨层作用机制研究①

在愈发严酷的商业竞争背景下，创新成为各类组织的必然选择。而追根溯源，研究组织创新可从其内部团队及团队的个体成员入手。Senge（1990）提出，团队是推动组织创新的最佳单位；相应的，个体成员的创造性则可视作支撑组织创新的重要基石（Shalley，Zhou & Oldham，2004）。

领导被认为承担着支持并推动创新的主要职责，曲如杰等（2012）就领导对员工创造性的影响的相关中西方研究进行了系统综述，尤其重点回顾了各种经典领导变量的作用，如变革型领导、LMX 等。最近几年以中国背景下的员工为样本，国内学者开始就一些新型领导行为，如自我领导（曹威麟、谭敏、梁樑，2012；刘云，2011），领导学习行为（刘松博，2013），真实型领导（韩翼、杨百寅，2011），涌现型领导（彭正龙、王红丽、谷峰，2011）等与员工创造性（或员工创新）之间的关系展开研究。这些文献开拓了领导与员工创造性关系的研究视野，但是目前尚没有研究涉足新兴的“松-紧”式（loose-tight）双元领导对于员工创造性的影响这一课题。本研究以中国的 R&D 团队为分析单位，聚焦团队的“松-紧”式领导对员工创造性的跨层影响，并引入团队学习与权力距离导向以解释二者间的作用机制。

① 本节内容来自笔者作为第一作者的论文（刘松博、戴玲玲、王亚楠，2014），这篇论文已经被《软科学》采用，计划发表于 2014 年 12 月。

一　文献回顾与研究假设

（一）“松－紧”式领导

知识型员工的崛起促使人们反思甚至于“摒弃”过度注重集权控制、命令指派的领导方式，一时之间，“员工参与”“授权民主”的呼声此起彼伏——事实上，在过去的50年间，参与式决策在组织行为研究领域始终占据着核心地位（Lam，Chen & Schaubroeck，2002）。然而，尽管关注参与式决策与员工绩效、满意度乃至流失率等产出变量之间关联的研究层出不穷，但相关研究结论却始终模棱两可，且大部分认同参与型决策有利于提升组织绩效的例证也都离不开特定情境调节变量的交互作用（Cotton，Vollrath，Froggatt，Lengnick-Hall & Jennings，1988）；而其他一些研究则对来自领导者的控制指挥与组织产出变量之间的正相关关系给予了有力支持（Zhou，2008）。具体在现实生活中，以苹果公司精神领袖、前CEO史蒂夫·乔布斯（Steve Jobs）为例，他也绝非民主决策的信徒：他在团队中引入了强大的纪律观念，并提出“过分的民主将导致创新缺乏效率”，并以简约粗暴的铁腕独裁促成一代又一代产品的革命性创新。

尽管个案的成功并不能为普遍性结论提供充分佐证，但从中却能折射出对于不同的领导模式一味取舍的片面性。基于此，Sagie（1996，1997a）提出并发展了“松－紧”式领导，就是将看似相反的领导指挥（紧）与员工参与（松）合二为一的领导模式。虽然指挥型领导和参与型领导都是传统领导学理论关注的对象，但是把二者结合起来才是领导学领域突破单一领导行为的巨大飞跃。刘松博、戴玲玲和李育辉（2013）对“松－紧”式领导在西方的发展进行了系统回顾，并比较了其和领导情境理论的区别。

他们指出，在情境理论下，领导者是根据具体情境的变化来把握松或紧的程度，将指挥和参与仍然视为线段的两端，而“松－紧”式领导则强调领导者在个性、行为等方面的一贯性，所以指挥和参与是相对独立且互为补充的行为，通过持续性地组合使用让二者混为一体，兼容并蓄。联系国人对于“过犹不及”“适度趋中”等价值理念的推崇，“松－紧”式领导很可能在中国有很大的发展空间。

（二）“松－紧”式领导与员工创造性的关系

很多学者建议企业在组织及团队层面上同时施行看似矛盾的管理措施以培养其灵活创新的能力（He & Wong，2004；Pettigrew & Fenton，2000；Sheremata，2000）。在这方面，管理学界将既具有利用现有资源的能力又具有探索新机会的组织特征称为“双元性”（ambidexterity）（March，1991），与之对应的双元型领导（ambidextrous leadership）概念在近两年时间里被正式提出（Rosing，Frese & Bausch，2011）。本研究所关注的松－紧式领导正是双元型领导的表现形式之一。作为具体应用于决策领域的领导方式，松－紧式领导主张以决策参与挖掘并融合团队内部信息，辅以领导指挥把握整体目标、沟通外部信息并给予建设性的意见反馈。以往的研究普遍将“宽松”的领导方式与创新相关联，如借助领导授权提升成员的自主空间、开放思维，从而丰富团队多样性以便更好地完成目标任务。特别的，市场竞争的激烈化要求领导者频繁地做出即时决策，因此鼓励最了解工作实际的人参与决策不仅能更好地完善决策方案，也能极大地提升其工作自主性并培养责任意识（Amabile，1988；Amabile，Schatzel，Moneta & Kramer，2004）。实证研究已经表明，管理者授予员工一定的自主权和决策权将有效地激发后者的知识创造性（Pelz & Andrews，1966）。

另一方面，尽管有研究认同极端的控制型领导行为，例如对员工进行施压、按固有的行为范式约束员工，会降低工作本身带来的内部激励性进而抑制创造性（Deci & Ryan，1980，2002），然而考虑到需要发挥创造力的工作往往是低度结构化的，甚至是缺乏可借鉴先例的，此时来自领导者的导向性指挥将为员工提供建设性的指导意见，帮助他们明确目标要求、理清任务结构（Bain，Mann & Pirola-Merlo，2001）；特别的，团队目标类型差异将对个体创新产生截然不同的影响，例如尽管早期有学者指出限定目标完成期限将对个体增添压力并妨碍创新（Amabile，1996），但 Shalley，Zhou 和 Oldham（2004）的研究发现，以创新为导向的目标能够让员工将注意力集中到工作本身，从而缓解压力的负面影响。因此，领导者及时把握并调整目标对于持续性地强化任务所能带来内部激励，并最终促成个体创新具有关键性的导向作用（Somech，2006；Zhou，2003）。

可以看到，鼓励决策参与的领导者注重员工的成长与发展，提倡组织成员通过持续性的学习和尝试来提升创造力，并在精神与资源等方面给予极大的支持。而领导指挥则是从设立合理目标与提供导师式帮助的角度提供了另一种行动上的支持。综上所述，在充分的“试错”空间内，由领导者鼓励和指挥下属成员打破思维桎梏，在面临创新过程中的高度不确定性与重重困难时帮助他们树立信心，可以帮助其更好地完成创新目标。本研究提出以下假设：

假设 1 “松 - 紧” 式领导对员工创造性有正向作用。

(三) “松 - 紧” 式领导与团队学习的关系

团队学习就是团队成员不断获取知识、改善行为、优化团队体系、保持健康发展的过程（陈国权，2007）。领导者在团队学习的过程中承担着信息管理的主导性角色，在推动内部讨论、鼓励质疑以及信息沟通的过程中相比普通成员具有更强的影响（Larson，Christensen，Franz & Abbott，1998）。来自领导者的导向性指挥有助于维持团队的结构化程度，使之具有明确的角色期望与清晰的职责分工。Bunderson 和 Boumgarden（2010）指出在团队层面维持一定的结构化，即清晰的角色预期、目标和领导层级将为团队成员营造出心理安全感，从而帮助他们接受变化、主动跨界吸纳新知识；结构化也有利于团队在开展外部学习的过程中充分了解组织现状与外部市场需求，进而明确正确的学习导向。与此同时，来自团队领导的有序指挥能够帮助其成员理清当前工作的轻重缓急，明确流程计划不合理之处以具有针对性的方法进行改进。

另外，团队学习从本质上看是一个融合不同成员知识技术的过程，在清晰的领导指挥和目标指向下，同时还需群策群力的智力激发以避免因团队领导的能力短板缩小学习范畴。具体来说，通过坦诚的沟通，成员相互学习、共同促进；同时，参与型的团队氛围有利于加强与外部的密切联系，及时获得来自其他团队、组织乃至市场的信息反馈（O'Reilly，Chatman，Caldwell，1991）。综上所述，我们得到如下假设：

假设 2 “松 - 紧”式领导对团队学习有正向作用。

（四）团队学习的中介作用

团队并非指任何聚在一起工作或学习的群体，它具有鼓励倾听、积极回应他人观点、对他人提供支持并尊重他人兴趣和成就的价值观念（Katzenbach & Smith，1993），这要求团队成员能够在知识、技能等各方面形成互补，并通过频繁默契的互动建立密切的工作关系。与此同时，不同的社会成长背景、多样化的知识技能相应地促成了成员间求同存异，启发新知的重要源泉（Madjar，

2005；Madjar，Oldham & Pratt，2002）。

团队学习是团队采取行动获得反馈并做出反应，继而通过改变来适应或者改善的过程（Argote & Ingram，2000；Edmondson，1999）。这其中，获得反馈信息有助于减少创新型工作所带来的不确定感并帮助合理设定创新的标准，而学习过程中对反馈信息的主动寻求能提高所获信息的容量与多样性，从而激发创新（Zhou，2008）。在此基础上，De Stobbeleir，Ashford 和 Buyens（2011）提出可将团队成员寻求反馈的学习行为视作激发创造性的具体行动机制。据此，我们得到如下假设：

假设 3　团队学习对员工创造性有正向作用。

结合上述三个假设，团队学习很有可能扮演着“松－紧”式领导与员工创造性之间的中介角色，对二者之间的关系起到一定的解释作用，所以得到如下假设：

假设 4　团队学习在“松－紧”式领导与员工创造性之间起中介作用。

（五）权力距离导向的调节作用

中国企业员工普遍认同并尊崇权威，这一深植东方传统文化中的等级观念可能显著地放大来自团队领导的影响。所以，我们引入跨文化研究中具有代表性特征的情境变量——权力距离，这一概念最初被作为国家层面的文化概念提出，后被延伸应用于工作场所中以描述人们对于组织权力不均等分配的理解与认同程度（Hofstede & Minkov，1991）。

虽然中国被认为是权力距离较高的国家（Hofstede & Minkov，1991），但即使在一个权力距离高的团体内部，也可能在个体层面上存在对于权力距离导向的差异化，并进一步导致个体创新的不同结果。尤其在转型期的中国，微观个体的价值观差异体现得更为明显（Farh，Hackett & Liang，2007）。

根据 Coopey 和 Burgoyne（2000）的观点，对于团队内部权力距离的认同程度会影响个体成员的心理活动，并进而影响其做出推进或是抵触创新的个人决定。例如，在认同高权力距离的员工眼中，上下级之间地位悬殊，不容置疑的领导权威易迫使员工无条件服从上级指示，然而创新意味着改变现状，对于领导的敬畏可能导致这一改变很难发生，因此即便团队学习水平较高，认同高权力距离仍然不利于员工形成个人的创新观点；相反，当员工的权力距离导向较低时，员工认可上下级之间的地位相对平等，且期待领导者鼓励成员参与管理决策，从而更加接受现状的改变，因此团队学习会更容易激发员工的创造性。据此，我们得到如下假设：

假设 5　权力距离导向在团队学习与个体创新之间起调节作用。

二　研究方法

（一）样本

本研究（见图 5－1）以上海市两家中小型手机研发企业和芯

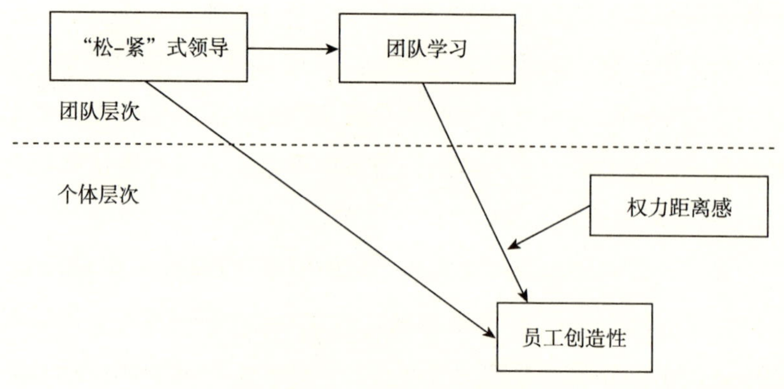

图 5－1　本研究的理论模型

片企业为调查对象，在两家公司有关人员的协助下，我们通过企业人力资源部门向 R&D 团队领导发出调查邀请并阐述调查目的与要求。我们请参与调查的领导者随机选择 3～5 名直接下属，并对该团队成员创造性做出评价；而各成员则对日常工作中所感知到的领导行为特征以及权力距离导向做出评价。问卷以电子邮件的形式统一回收，最终获得由领导与员工互评的非同源匹配数据。

本次调查共涉及 80 个 R&D 团队。回收后剔除信息不完整的问卷，有效员工问卷共 260 份，领导问卷共 70 份。员工问卷回收率达到 86.3%，其中，男性占 77%，所在团队平均规模为 6 人，被调查人员平均年龄 28 岁，大专及以下人员占 17.7%，本科人员占 49.2%，硕士及以上占 33.1%。

（二）测量工具

“松－紧”式领导（loose-tight leadership）的测量采用了“双元性”（ambidexterity）研究中的经典做法（Gibson & Birkinshaw，2004）。虽然领导指挥（leader directiveness）与决策参与（participative decision making）是两个不同的构念，但根据 Sagie（1997b）对“松－紧”式领导的诠释，“松”和“紧”两者之间存在共容、独立而又不可取舍替代的关系，因此本研究对领导指挥与决策参与的两个变量进行相乘，以契合“松－紧”式领导的特征。

Sagie 等（2002）对于“松”和“紧”的测量分别采用的是参与式决策和领导指挥两个变量。延续其做法，在本研究中，参与式决策采用 Sagie 和 Koslowsky（1994）提出的量表，共有三个项目，包括“我常与他人一同确定工作目标”等，使用 Likert 6 点量表。该量表信度系数 Cronbach's α 为 0.79。领导指挥采用 Conger 和 Kanungo（1994）提出的量表，共有 6 个项目，包括“他/她的讲话富有感染力”等，使用 Likert 6 点量表。该量表信度系数

Cronbach's α 为 0.91。

为验证将两者进行相乘的合理性，我们分别对测量领导指挥与决策参与两个分量表中各条目进行主成分分析，以达到事后分析（post hoc analyses）的目的（Gibson & Birkinshaw，2004）。其中，测量决策参与的 3 个条目的因子载荷分别为 0.65、0.79 和 0.69，单因子特征根为 2.127，占总体特征根的比例（方差贡献率）为 70.9%；测量领导参与的 6 个条目的载荷分别为 0.79、0.70、0.52、0.69、0.69 和 0.78，单因子特征根为 4.117，占总体特征根的比例（方差贡献率）为 69.6%。这说明上述两个变量存在相当程度的独立性，相乘后不会因可能的内在关联产生不必要的交互效应。

团队学习（team learning）采用 Edmondson，Bohmer 和 Pisano（2001）等测量团队学习行为的量表，其中包括“团队成员会花时间想办法改进工作流程”等共 7 个题项，使用 Likert 5 点量表对其施测。量表信度系数 Cronbach's α 为 0.92。

权力距离导向（power distance orientation）采用 Lee 和 Law（2000）提出的量表，该量表共包含“为了建立高效的工作关系，（向上或向下）越级通常是必要的”等 3 个题项。为符合思考习惯，我们将该量表分值进行了反向处理，所以在后面的统计分析中，分值越高表明权力距离导向越强。测量使用 Likert 7 点量表。量表信度系数 Cronbach's α 为 0.84。

员工创造性（employees' creativity）采用 Farmer，Tierney 和 Kung-Mcintyre（2003）在中国文化背景下使用和验证过的量表，在本研究中使用 Likert 5 点计分方法，有“这名员工会形成有关工作的突破性思路”等 4 个题项。量表信度系数 Cronbach's α 为 0.92。

根据以往研究（如 Argote & Ingram，2000；Bierly & Hämäläinen，

1995；Gibson，Vermeulen，2003），我们将成员性别、年龄、学历等人口统计学变量作为个体层面的控制变量，团队规模作为团队层面的控制变量。

（三）数据初步检验

由于领导指挥、决策参与和团队学习是个体回答聚合形成，所以应对其组内同质性和组间差异性进行检验。三个变量的 Rwg，ICC（1）和 ICC（2）的结果满足聚合（aggregation）的标准（James，1982），汇聚是有效的（见表 5－1）。

表 5－1　团队层面变量聚合指标值

	领导指挥	决策参与	团队学习
Rwg	0.96	0.90	0.96
ICC（1）	0.33	0.27	0.27
ICC（2）	0.65	0.58	0.58

另外，我们对本研究的研究模型进行因子结构检验。验证性因子分析结果显示，5 因子模型（领导指挥、决策参与、团队学习、权力距离和员工创造性）的指标为：$\chi^2/df = 3.3$，RMSEA = 0.094，NNFI = 0.91，CFI = 0.92，且优于其他的因子组合结构，说明本研究的模型拟合良好。

三　数据分析和研究结果

（一）数据分析方法

本研究首先应用 SPSS 18.0 软件进行相关分析和回归分析等，并检验同层次变量的假设。对于跨层次影响效果则使用 HLM 7.0 软件进行检验。中介效应的检验采用 Mathieu 和 Taylor（2007）推荐的跨层中介（meso-mediation）方法。

（二）描述性统计

本研究所涉及变量的描述性统计结果见表5－2和表5－3。

表5－2　个体层面变量均值、标准差和相关系数矩阵

变量	均值	标准差	1	2	3	4
1. 性别[a]	1.23	0.43				
2. 年龄	28.32	0.62	－0.04			
3. 学历[b]	2.21	0.79	－0.02	0.36**		
4. 员工创造力	3.52	0.85	－0.07	－0.11	－0.010	
5. 权力距离	2.68	1.11	0.01	0.19**	0.13*	－0.03

注：n＝260；**表示p＜0.01，*表示p＜0.05；a. 性别：（1）男，（2）女；b. 教育程度：（1）大专或大专以下，（2）本科，（3）硕士，（4）博士。

表5－3　团队面变量均值、标准差和相关系数矩阵

变量	Mean	S. D.	1	2
1. 团队规模[a]	1.91	0.96		
2. 团队学习	4.90	0.49	0.08	
3. “松－紧”式领导	24.69	3.69	－0.010	0.36**

注：n＝260；**表示p＜0.01，*表示p＜0.05；a. 团队规模：（1）5人以下，（2）6～10人，（3）11～20人，（4）21～40人，（5）40人以上。

（三）假设检验结果

根据表5－4中的模型2，“松－紧”式领导对团队学习的正向作用被确认（$\beta = 0.36$；$p < 0.01$），假设2得到支持。

表5－4　以团队心理安全感为因变量的回归分析结果

变量	团队学习	
	模型1	模型2
团队规模	0.08	0.08
“松－紧”式领导		0.36**
Adjusted R^2	－0.01	0.11

续表

变量	团队学习	
	模型 1	模型 2
F	0.40	10.03**
ΔR^2	0.01	0.13**

注：* 表示 $p<0.05$（双尾），** 表示 $p<0.01$（双尾），*** 表示 $p<0.001$（双尾）。

跨层分析的结果汇总于表 5－5。

首先，我们以员工创造性为结果变量，建立零模型。结果显示 $\sigma^2=0.61$，$\tau=0.11$，χ^2（69） = 141.43，$p<0.01$（见表 5－5），以上结果表明员工创造性具有显著组间差异，可以进行跨层分析。

接下来，我们分别将“松－紧”式领导和团队学习加入团队层面的变量中，形成以截距作为结果变量的模型 2 和模型 3。在表 5－5 的模型 2 中，“松－紧”式领导对于员工创造性有显著正向作用（$\gamma_{02}=0.14$，$p<0.01$），假设 1 得到了支持。同理，在表 5－5 模型 3 中，团队学习对于员工创造性也体现出显著正向作用（$\gamma_{03}=0.20$，$p<0.001$），假设 3 得到了支持。

然后，我们在模型 2 的基础上加入团队学习，得到表 5－5 中的模型 4。可以看到团队学习正向影响员工创造性（$\gamma_{03}=0.18$，$p<0.01$）。而“松－紧”式领导对员工创造性的直接效应不再显著（$\gamma_{03}=0.10$，$p>0.05$），满足 Mathieu 和 Taylor 提出的跨层中介条件，假设 4 成立。

最后，我们将权力距离导向加入到个体层面变量进行分析，并形成以斜率作为结果变量的模型 5。结果表明权力距离导向负向调节团队学习和员工创造性之间的关系（$\gamma_{31}=-0.33$，$p<0.05$），假设 5 得到验证。图 5－2 表明了调节效应的影响模式，即当团队成员权力距离导向较低，团队学习和员工创造性之间的关系更强；反之，则更弱。

表 5 – 5　跨层分析结果

结果变量 个体创新	零模型	模型 1	模型 2	模型 3	模型 4	模型 5
Level 1						
Intercept（γ_{00}）	3.55***	3.52***	3.53***	3.54***	3.54***	3.47***
年龄（γ_{10}）		-0.14	-0.15	-0.10	-0.11	-0.08
性别（γ_{20}）		-0.11	-0.10	-0.07	-0.07	0.04
学历（γ_{30}）		-0.07	-0.07	-0.05	-0.06	-0.05
权力距离导向（γ_{40}）						0.07
Level 2						
团队规模（γ_{01}）		0.02	0.03	0.00	0.01	0.03
“松 – 紧”式领导（γ_{02}）			0.14**		0.10	
团队学习（γ_{03}）				0.20***	0.18**	0.52***
权力距离导向 × 团队学习（γ_{31}）						-0.33*
σ^2	0.61	0.58	0.57	0.56	0.55	0.37
τ_{00}	0.12***	0.04*	0.03*	0.03*	0.03*	0.10*
τ_{11}						0.10*
Deviance	649.40	649.42	649.74	645.18	644.37	627.58

注：*** 表示 $p<0.001$ 水平下显著；** 表示 $p<0.01$ 水平下显著；* 表示 $p<0.05$ 水平下显著。所有系数为在带有稳健标准误（robust standard errors）的值。

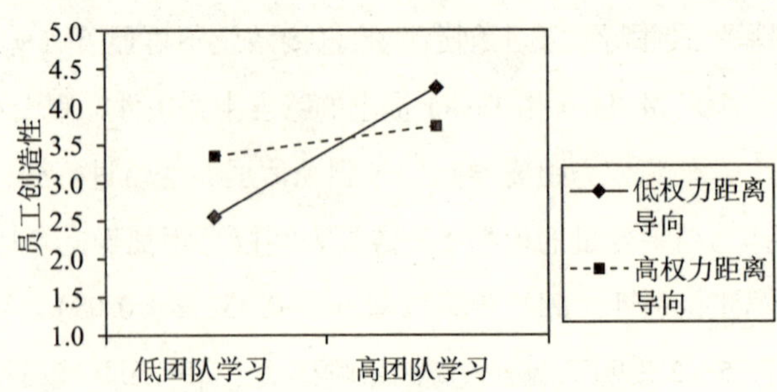

图 5 – 2　权力距离导向的调节作用

四 研究结论与讨论

（一）本研究的发现与理论价值

本研究在对现有相关理论与实证研究进行梳理与总结的基础上，以两家中小型研发企业为调查对象展开实证研究，尝试探索团队领导者“宽严并济”的行为方式与团队学习、员工创造性三者之间的潜在关系。为探寻上述关系中的边界条件，本研究特别关注到跨文化研究中的代表性变量——权力距离，以期丰富国内相关领域研究成果，并为同类企业管理者改善内部管理、激发创新，进而提升企业竞争力提供操作性建议。本研究的理论价值如下。

第一，在中国背景下引入“松－紧”式双元领导的理念与构念，验证了“松－紧”式领导的作用机制。根据研究结论，“松－紧”式领导能够对团队学习起到显著的积极作用，并以此为中介正向影响员工创造性。具体来说，领导者对于指挥与决策参与的双向把握使之能够在及时组织成员进行集体商榷的同时也为之提供引导性建议，对团队中不同成员知识技术的融合形成一定程度的控制，提高团队学习的水平，进而帮助成员在团队学习的过程中掌握创新所需的技能与策略，为激发员工创造性提供必要条件。

第二，本研究完善了“松－紧”式领导的测量。考虑到在“松－紧”式领导的理论框架下，“松”和“紧”二者之间不可替代和相互补充的关系，我们借鉴双元型研究的做法，将领导指挥和决策参与这两个变量进行了交互处理，相比以往的“松－紧”式领导研究将“松”和“紧”分别代入方程（Sagie et al.，2002），这种测量方法可以更真实准确地把握该概念的本质。事后分析的结果支持了本研究这一测量方法的合理性。

第三，本研究确认了个体权力距离导向在中国背景下团队中的研究意义。在团队学习正向影响员工创造性的过程中，个体员工的权力距离导向起着显著的调节作用。这证明了在中国当代社会的微观层面价值观差异具有重要的研究意义（Farh，Hackett & Liang，2007），值得学术界进一步的思考与探索。

（二）本研究的实践价值

本研究确认了“松－紧”式双元领导在中国背景下的价值。其实，在中庸思维的文化下，“松－紧”式领导模式可能会比以往许多经典领导理念体现出更强的适用性。特别的，在集权决策中融入民主的主张将从某种意义上促使“恩威并施”的家长式领导成长为“收放自如”的松－紧式领导，进而帮助培养中国企业的创新能力。对于已经在考虑怎样获得可持续发展的很多中国企业家而言，应该如何避免或者因过分授权而使企业失去控制，或者因过分集权而使企业失去活力，如何在发挥下属参与决策的积极性的同时仍能维持自身一以贯之的决断魄力，“松－紧”式领导提供了一个可供借鉴的思路。

另外，为了促进员工的创造性，除了建立宽严相济的领导模式和鼓励团队的学习行为，组织还应该关注员工的权力距离导向。从定义和测量上看，个人的权力距离导向是员工价值观念的体现，而价值观是在个人漫长的成长过程经过多因素共同作用形成的，具有相当的稳定性，并不会很容易被改变，所以组织应该优先考虑在为创新性工作团队选拔员工时将低权力距离导向作为评价的标准，其次可以考虑在培训和考核中加入与权力距离导向相关的内容（Kirkman，Chen，Farh，Chen & Lowe，2009）。

（三）本研究的局限

由于受到现实因素的制约，本研究难以对接受调查的领导及员工作进一步的深度访谈，而根据之前的研究结果（Sagie et al.，2002），辅以定性访谈能更好地反映出为“松”“紧”领导方式在同一领导者身上的稳定体现。未来的研究可以加入访谈法以完善研究设计。

横截面的数据采集具有一定的局限性，变量之间的因果关系可以通过未来纵向研究的设计来进一步确认。另外，样本团队集中在上海的两家民营中小型高科技企业，没能包括不同所有制、不同行业、不同城市、不同规模的企业和团队，未来的研究可以通过更大范围的选取样本以验证本研究结论的推广意义。

第二节　共享式领导对员工和团队学习的作用机制研究[①]

一　本研究的背景

领导力一直以来都被认为是组织有效性的促进因素之一（Yukl，2012）。组织中广泛采用工作团队的形式（Hackman，2002），并且团队研究者普遍发现团队领导力不仅在影响个体成员的态度和行为上，而且在塑造团队整体氛围和行动上都发挥着重要的作用（Kozlowski，Gully，Salas & Cannon-Bowers，1996；Morgeson，DeRue & Karam，2010；Zaccaro，Rittman & Marks，2001）。但到目前为止，以往研究主要关注的是团队中的正式领导或者垂直领导，却忽略了一个重要的领导力类型——共享式领导。共享式领导是一种涌现型领导风格，来自领导力在多个团队成员中的分布（Bowers & Seashore，1966；House &Aditya，1997；Yukl，2012）。Carson，Tesluk

① 本节内容来自笔者作为第一作者的论文（Liu，Hu，Li，Wang & Lin，2014）。

及 Marrone（2007）指出，共享式领导这一概念是一个程度由低到高的连续体。这意味着共享式领导可能以不同的水平存在于每一个团队中，但并非是有与无的简单划分。对团队中共享式领导的忽略主要是因为对集体主义式领导力逐渐增长的需求以及对团队合作与协调的不断强调（Day，Gronn & Salas，2004；Friedrich et al.，2009；Hackman，2002；Hiller，Day & Vance，2006；Yammarino，Salas，Serban，Shirreffs & Shuffler，2012）。正如 Yammarino 和其合作者（2012）所说，“集体主义式领导力这一新方法是理论和实践的重要进步”。有少量研究证实了团队中共享式领导的重要作用（Avolio，Jung，Murry & Sivasubramanium，1996；Carson，Tusluk & Marrone，2007；Mehra，Smith，Dixon & Robertson，2006；Sivasubramaniam，Murry，Avolio & Jung，2002），并且一些研究甚至发现共享式领导比传统的垂直领导对团队绩效的影响更为深刻（Bowers & Seashore，1966；Pearce & Sims，2002）。

本研究试图加深学术界对共享式领导如何影响团队整体行为产出及个体成员的认知、互动和学习的认识，从而扩展本领域的研究。尽管对共享式领导与团队绩效间关系的实证支持不断增加（如 Carson et al.，2007；Mehra et al.，2006），但现有研究却没有更多地考虑共享式领导同时对个体成员和团队整体的行为产出的潜在影响。本研究则从个体和团队两个层次，关注团队成员通过学习更多的知识和加深对其工作的认识来提高自身未来绩效的行为，即学习行为（Ellis，Hollenbeck，Ilgen，Porter，West & Moon，2003；Fiol & Lyles，1985；Weiss，1990）。团队学习行为对于提高团队整体有效性及未来的竞争力具有决定性的作用（Edmondson，1999）。尽管有学者指出团队正式领导对促进团队学习行为具有强有力的作用（Burke et al.，2006），但几乎没有研究探讨共享式领导与团队学习之间的关系。这是一个重要却被忽视的空白点，因为在共享式领导发挥作用时，团队成员之间在同一时间内不仅在领导和影响别人也在追随和学习别人（Carson et al.，2007），而这一互动过程包括了频繁的知识和信息交流，并且能够促进团队形成学习型文化。除了团队学习外，由于团队本身并没有做出行动而是团队成员做出行动（Kozlowski & Bell，2003），因此个体学习同样重要；并且只有当个体成员不断学习以提高其技能和绩效时，团队和组织才能得到发展（Cohen，1991；Kim，1993；Ellis et al.，2003；Yukl，2009）。然而，这并非意味着个体学习行为是在孤立状态下发展起来的。事实上，个体是存在于团队中的（Hackman，1992），并且当团队成员都分担部分领导责任时，成员才有更多的机会向同事和在工作中学习（Ellis et al.，2003）。因此非常有必要同时在个体层面和团队层面来考虑学习行为。关于共享式领导如何影响团队整体和团队中的成员，以及学习行为在团队环境中如何形成这两个问题，仅仅关注其中一个层面的研究或许不会得到完整的解释。

共享式领导研究领域的另一个现存空白点则是共享式领导对个体和团队产出产生影响的边界条件。尽管近来的实证研究都表明共享式领导能够促进团队绩效（如 Avolio et al.，1996；Carson et al.，2007；Ensley，Hmieleski & Pearce，2006），但该领域尚不清楚共享式领导对团队成员行为的作用弱或强是在怎样的条件下发生的。经典的领导力权变理论认为，领导对下属产出的作用受到环境因素的限制，比如任务结构（Fiedler，1967）。工作多样性是任务结构的一个重要特征，是指一项工作中要求员工使用不同类型技能以完成任务的程度（Hackman & Oldham，1976）。工作多样性可能与个人学习行为尤其相关，因为学习行为需要额外的新知识和技能，而工作多样性则可以激发个体更多地在工作中向同事学习的动机，从而使得共享式领导对学习行为的影响更为显著。

总的来说，本研究基于社会学习理论（Bandura，1977），旨在厘清共享式领导是否、如何以及何时对团队中的学习行为产生影响，并通过至少四个方面拓展共享式领导和工作团队的研究领域。首先，本研究同少量以共享式领导为对象的研究团队一样，响应了加大对共享式领导的研究力度的呼吁（Day et al.，2004，2006；Pearce & Conger，2003a；Pearce & Manz，2009；Yammarino et al.，2012），探索共享式领导在塑造团队学习行为中所扮演的角色。尽管个体学习行为被证实有助于组织有效性（如 Cohen，1991；Kim，1993；Liu & Fu，2011；Lankau & Scandura，2002，2007）和个体产出（Lankau & Scandura，2002；Olivera & Straus，2004；Ragins，Cotton & Miller，2000），但尚缺乏学习行为在团队情境中如何形成的相关研究。工作团队被认为是对成员影响最大的社会环境（Hackman，1992），而共享式领导可能为团队成员创造一个适宜学习的环境。本研究基于社会学习理论（Bandura，1977），假设共享式领导通过丰富团队成员的直接和间接工作经验促进团队学习和个体学习。

其次，Burke，Diaz Granados 和 Salas（2011）指出，“大多数研究仅仅关注共享式领导与团队产出的关系，却几乎没有注意到其具体的影响过程”。本研究旨在通过探索共享式领导如何影响个体和团队产出，并识别心理安全（指团队成员对于冒险发言是否感到安全的一种共享价值观；Edmondson，1999）这一重要的中介机制，以填补这一重要空白点。本研究认为共享式领导促进团队心理安全氛围的形成，这一心理安全氛围则为团队提供了一个积极的学习环境，引导团队成员习得新知识和技能。

再次，本研究通过引入工作多样性作为共享式领导影响个体和团队学习的重要边界条件促进了该领域的研究进展。本研究认为尽管共享式领导所产生的心理安全氛围对个体和团队学习都有促进作用，但仅仅是感到安全并不足以鼓励团队成员的学习。这是因为学习帮助人们获取新知识（Fiol & Lyles，1985），且当工作本身需要对新知识的不断获取时，学习行为则更有可能出现。因此本研究整合共享式领导和任务结构这两个视角，以更深入地验证个体和团队学习的促进因素。

最后，共享式领导这一概念及其理论最初是在美国发展起来的，它在其他文化环境中是否仍然成立尚不清楚。Whetten（2009）呼吁正确解释文化环境的作用，因此本研究旨在通过在中国这一东方国家验证我们的理论模型，来扩展共享式领导的外部效度。而中国社会是一个在各个文化维度上有别于西方国家的社会（Hofstede & Hofstede，2005）。图 5－3 展示了本研究完整的理论模型。

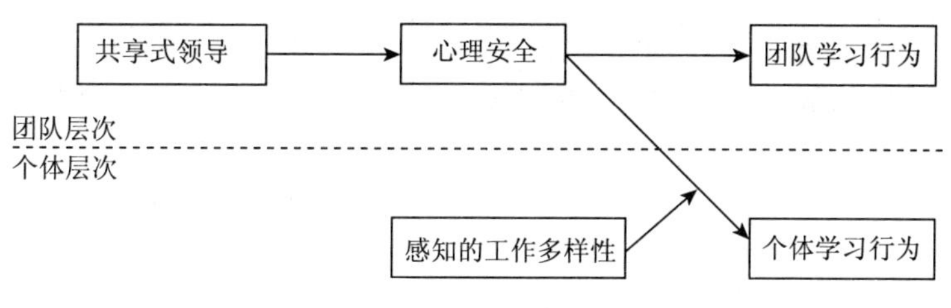

图 5－3　本研究的理论模型

二　理论综述与研究假设

（一）共享式领导

当领导的角色、责任或职能由团队成员所分担而非由一个被指定的领导所拥有时，共享式领导便产生了（Pearce & Conger，2003b）。不同于传统的垂直领导，共享式领导体现的是非等级关系，描述了一种关系现象（Mehra et al.，2006；Uhl-Bien，2006），团队成员间动态交互式的影响过程是其主要特征（Carson et al.，2007；Crevani，Lindgren & Packendorff，2007；Gibb 1954；Pearce & Conger，2003b；Pearce & Sims，2002）。现有研究表明，共享式领导必须有两个基本要素：领导责任的分担和相互的影响（Lambert，2002；Pearce & Conger，2003；Pearce & Manz，2009；Sivasubramaniam et al.，2002；Wood，2005）。在团队中分担领导责任和交换信息的过程中，共享式领导可以直接影响团队成员的行为和产出（Carson et al.，2007；Yukl，1989）。实证研究成果还发现，共享式领导与团队绩效正相关（如 Avolio et al.，1996；Carson et al.，2007；Ensley et al.，2006；Katz & Kahn，1978；Pearce，Yoo & Alavi，2004；Sivasubramaniam et al.，2002）。此外，共享式领导为团队中每位成员创造了一个普遍的社会环境，属于团队层面的现象。换言之，团队成员间的相互影响不仅会影响团队整体，更会对每位团队成员的行为产生影响。因此，本研究认为共享式领导对团队整体和团队成员的学习行为均有其作用。

在讨论共享式领导对团队及个体学习的假设作用前，应该注意到共享式领导理论是在西方国家中产生并得到发展的，因此需要考察这一理论是否能应用到中国文化这一特殊情境中（Whetten，2009）。正如前文所述，共享式领导团队将领导责任通过相互影响和有效协作分布在各位团队成员中（Carson et al.，2007）。也许有人会认为对分担领导责任的偏好是具有特定文化倾向的。在像中国这样的高权力距离文化中，除非是拥有发号施令的权力，其他人倾向于接受权力分配不平等的事实（Hofstede，1984），因而不情愿承担领导的角色和责任（Chen & Tjosvold，2006；Huang，Shi，Zhang & Cheung，2006；Hofstede，1991；Kahai，Sosik &

Avolio，2004；Nasierowski & Mikula，1998）。这一文化价值观与儒家价值观相契合，它深深根植于中国文化中，引导人们顺从并尊敬领导（Liu，1997）。然而，共享式领导并不排除外部等级式领导的存在（Pearce & Sims，2002）。Carson 和其合作者（2007）就指出，当内部环境不具有支持性时，外部领导力仍然具有影响力。就这一点而言，高权力距离文化实质上并不会影响中国团队成员接受共享式领导。事实上，日本也是一个高权力距离文化的国家（Hofstede & Hofstede，2005），而近来一项以日本研发团队为样本的研究发现日本团队拥有较高的共享式领导水平，并且共享式领导与团队绩效正相关（Ishikawa，2012）。此外，工作团队已经成为全球组织的存在形式（Hackman，2002），其相互依赖的本质促进了团队成员的互动并为他们创造了分担责任和角色的平台（Morgeson & Hofmann，1999；Wageman，1995）。因此，共享式领导可以自然地出现在中国工作团队中，影响团队成员的互动、认知及行为。本研究认为共享式领导现象不会因为中西方文化的不同而出现显著差异，其推动假设的理论推理过程并不存在文化边界。

（二）共享式领导、团队学习及个体学习

社会学习理论（Bandura，1977）为共享式领导与团队学习及个体学习之间的关系提供了理论基础。社会学习理论认为个体的学习行为主要是通过直接经验或者观察到的经验（Bandura，1977）。直接经验来自个体自身的工作，而观察到的经验则源自社会资源，如他人的榜样行为。共享式领导则为团队成员提供了吸取两类经验的条件。在共享式领导团队中，领导的影响力不再来自一个正式指派的人，而是由团队成员所共同拥有（Yukl，2012）。换言之，所有的团队成员都拥有某些方面的领导责任，他们同时既是领导者又是追随者（Carson et al.，2007）。领导力的分担使得团队成员在影响别人的同时也受到其他成员的影响。在这种情况下，团队成员在某些团队运作方面发挥领导力时就成为其他成员的行为榜样，同时在其他成员对另一些团队运作承担领导角色时，会向别人学习。因此，团队成员不仅可以通过实现自身角色和责任得到直接经验，也可以通过跟随其他成员的榜样行为得到观察类的经验。

要注意的是，由于团队学习和个体学习是不同层面的现象，共享式领导对二者的影响具有不同的途径。具体来说，团队学习是一个团队层面的构念，指团队成员间的一种共享知觉，这种知觉是对团队成员采取寻求绩效反馈、互相交换信息及讨论提高绩效的方法等行为的程度的主观判断（Edmondson，1999；Ellis et al.，2003）。个体学习属于个体分析层面，描述的是个体提高其知识和绩效的行为（Liu & Fu，2011）。尽管团队学习和个体学习都从个体层面开始分析，二者却蕴含着不同的含义。基于领导力的关系视角（Uhl-Bien，2006），团队学习考察的是在团队中学习的共享标准，反映了成员之间的相互依赖性和联系。团队学习通过自下而上的过程而逐渐形成（Kozlowski & Klein，2000），在这一过程中，团队成员通过互动和在团队中得到的共同经验形成了相似的学习行为模式。另一方面，个体学习则关注的是个体自身的知识和绩效提升。

共享式领导通过强化成员之间的联系及有效的知识交流从而促进团队学习。共享式领导的核心是团队成员为了创造有效的团队产出而志愿互相发挥影响力（Carson et al.，2007；Katz & Kahn，1978）。这一相互影响有助于团队成员的互动和协作，有助于信息、知识及经验的交换，还有助于团队成员在相互依赖的团队合作中有所收获，因此这一相互影响促进了团队的共享学习氛围（Edmondson，1999；Morgeson & Hofmann，1999）。

共享式领导同时也会影响团队中的个体学习行为。共享式领导可以视为“环境刺激因素”（ambient stimulus）的一种，它广泛地存在于整个团队中，并被团队成员所共同认可（Hackman，1992）。由于领导的多种角色被分配到各个团队成员，每位成员则可以从同事那里得到相关信息以促进自己的工作，还可以拥有探索新领域、获取关于工作的新知识的机会。换言之，共享式领导使得团队成员能够向其他同事学习他们不熟悉的领域，也使得他们能够从在团队中的观察学习中有所收获（Bandura，1977），这可以促进他们知识和个人学习经验的积累。

假设1：共享式领导与（a）团队学习和（b）个体学习正相关。

（三）团队心理安全的中介作用

Burke和其合作者（2011）评论道，以往关于共享式领导的研究有一个重要的短板：关于共享式领导影响产出的机制尚不清晰。作为揭开这一“黑箱”的尝试，本研究认为共享式领导通过创造一个重要的团队氛围，即团队心理安全，对团队学习和个体学习产生影响。团队心理安全是指团队成员对于冒险发言是否感到安全的一种共享价值观（Edmondson，1999）。尽管最初由个体所感知，团队心理安全是对团队层面上集体的共享氛围的反映，是一种无法被单独的个体所理解的一种关系现象（Edmondson，1999）。和团队学习这样的团队层面构念一样，在团队层面产生团队心理安全也是一个在跨层次研究中自下而上的过程，即团队成员通过团队合作过程而产生的一种共享认识（Kozlowski & Klein，2000；Morgeson & Hofmann，1999）。社会信息处理理论（Salancik & Pfeffer，1978）同样是团队心理安全形成的理论基础，该理论认为个体倾向于从他们的直接社会环境中搜寻信息，从而形成其关于团队氛围的认知。通过成员间的互动、共同事件的经历以及经验的分享，团队成员会拥有关于团队鼓励成员说出自己想法的程度的相似感知。

团队心理安全可以作为连接共享式领导和团队及个体学习之间的桥梁。本研究将分两个部分阐述这一机制的形成：首先，本研究将探讨共享式领导促进团队心理安全的原因，其次再解释团队心理安全促进团队及个体学习的机制。

共享式领导可以通过至少三种理论机制促进团队心理安全氛围。首先，与等级式领导不同，共享式领导是一个将领导权威分散到团队多个成员中的集体过程。团队成员分享领导权威，相互领导而非跟随正式指派领导的命令以达成团队目标（Fletcher & Käufer，2003）。这种领导力的分布使得团队成员拥有表达自己的机会，并能感到自己参与到团队合作中，从而使整个团队形成一种心理安全的氛围（Nembhard & Edmondson，2006）。其次，在分担领导权力的情况下，团队成员可以近距离地帮助、监控及支持相互之间的工作（Day et al.，2004），从而能在成员之间建立起相互信任的关系（Fredrickson，1998；Uhl-Bien & Marion，2009；Weiss & Cronpanzano，1996）。这种同事间积极的人际关系有助于推动成员对自身工作的满意和承诺（Chiaburu & Harrison，2008），并使得他们敢于发言而不必担心会难堪或被否定（Carmeli，2007；Edmondson，2004；May，Gilson & Harter，2004；Roussin，2008）。最后，从印象管理的角度看，个体会关注如何在比自己权力更大的领导面前呈现一个好印象（Wayne & Ferris，1990；Wayne & Liden，1995）。共享式领导能够减少团队成员在这方面的关注度，使其在与同事交流时感到更加真实可信。因此团队成员能够坦然地自由表达自己关于团队工作的观点和想法。

由共享式领导所推动的团队心理安全进而能够促进团队及个体学习行为。这是因为学习新事物常常会遇到不确定性并需要冒险，这会增加团队成员的压力甚至焦虑，而团队心理安全则在团队中创造了一个舒适的氛围以帮助团队成员战胜学习所带来的焦虑（Schein，1985）。心理安全的环境能够使得团队成员自由地交换敏感信息、分享特殊的知识、提出相冲突的观点（Bradley，Postlethwaite，Klotz，Hamdani & Brown，2012）以及承认错误（Lau & Murnighan，2005），从而有助于学习行为的模式在团队中广泛分享（Hirak，Peng，Carmeli & Schaubroeck，2012）。除了团队学习，团队心理安全同样能够推动形成一个良好的人际氛围，使得成员在这一氛围下能够自由地获取反馈和资源以提高自身工作能力，从而促进团队成员的个人学习行为。此外，当团队成员承担既定的风险不会受到批评或惩罚时，成员在面对阻碍和不确定性时可能将更加自信（Edmondson，1999），这已被证实能够促进个体学习行为（Chen，Gully，Whiteman & Kilcullen，2000）。也有众多研究直接支持上文的陈述，证明了团队心理安全不仅有助于团队学习（Edmondson，1999；Wilkens & London，2006），也有助于个体学习（Wong，Tjosvold & Lu，2010）。

总而言之，本研究认为团队心理安全作为一个中介机制，传递了共享式领导对团队及个体学习行为的作用。换言之，共享式领导促进了团队成员间的相互影响与支持，有助于团队形成一个心理安全的环境。而心理安全氛围则有助于团队层面共享学习行为模式的形成，同时也能促进成员个人的学习行为。

假设2：团队心理安全中介共享式领导与（a）团队学习和（b）个体学习之间的关系。

（四）工作多样性的调节作用

上文已阐明了共享式领导和团队心理安全是团队及个体学习行为的重要前因变量。心理安全氛围为学习行为提供了一个重要的外部环境，但却无法提供一个内部环境。换言之，除了一个良好的外部环境，学习行为还需要成员自身获取新知识和提高工作的内部动机（Bandura，1977）。因此，源自共享式领导的团队心理安全本身并不足以推动高水平的学习行为。基于经典的领导权变理论（Fiedler，1971；Vroom & Yetton，1973）的思想，本研究引入工作多样性作为团队心理安全影响学习行为的一个重要权变条件。

工作多样性是指一项工作中要求员工使用不同类型技能以完成任务的程度（Hackman & Lawler，1971），被认为是能够促进个体内部动机的一个关键工作设计特征（Hackman & Oldham，1976）。与 Hackman 和 Oldham（1976）的理论框架中如任务完整性（一项工作中要求完成一件完整的和可辨识的任务的程度）、任务重要性（一项工作对他人的生活或工作的实际影响程度）、工作自主性（一项工作给任职者提供了多大的自由度、独立性及自主权）及反馈（员工在完成任务的过程中，在多大程度上可以直接而且明确地获得有关自己工作绩效的信息）这些其他因素相比，工作多样性所带来的对多项技能的需求与提高成员学习的内部动机是相关的。换言之，工作多样性要求团队成员积累多种多样的技能，这能鼓励成员积极地寻求新信息和新知识以成功地完成任务。学习动机的提高则直接体现在更多的学习行为上（Brief & Aldag，1975；Colquitt，LePine & Noe，2000）。

本研究认为工作多样性可以作为一种情境强化剂（situational enhancer；Howell，Dorfman，& Kerr，1986），强化了心理安全对团队及个体学习的影响。当团队成员感知到较高水平的工作多样性时，则更有学习的动机（Kvalseth，1980）且对团队中与学习有关的信息提示更加敏感。此时团队成员更可能得益于心理安全氛围并努力寻求新信息、新知识和反馈。因此当工作多样性要求较高时，团队的心理安全氛围对团队成员来说更加重要，更可能促进团队中的学习行为。反之，当任务不要求更多样的技能时，即使团队拥有一个心理安全的环境，团队成员向同事获取和学习新技能和新知识的内部动机则不会如此强烈。因此较低的工作多样性水平降低了团队成员学习新事物的动机和行动，减弱了团队心理安全对团队及个体学习行为的促进作用。

此外，本研究认为工作多样性增强了共享式领导通过团队心理安全促进团队及个体学习的作用。上文已清晰地阐明了共享式领导有助于团队心理安全氛围的形成，进而促进团队及个体学习行为。整合上文推论所得的假设 1 和假设 2，本研究提出一个两阶段调节模型（Edwards & Lambert，2007）。工作多样性调节共享式领导通过团队心理安全与团队及个体学习之间形成的非直接关系：当工作多样性水平较高而非较低时，共享式领导通过团队心理安全对团队及个体学习的非直接影响将更加强烈。

假设 3：工作多样性调节共享式领导通过团队心理安全对（a）团队学习及（b）个体学习的间接正向影响，即当工作多样性水平较高而非较低时，这一间接关系将更加强烈。

三 研究方法

（一）研究环境与研究对象

在研究之前，本研究从所有参与公司中选取了来自不同组织的 3 个团队中的一共 12 名员工进行调查，以减少调查条目的歧义。本研究根据测试前员工的建议对调查条目进行了细微的改动。最初的数据来源于中国四家大型高科技公司。由于该调查是记名的，我们通过口头陈述和书面附信两种方式强调了本调查仅用于学术研究，被试的信息是高度保密的，仅有研究团队成员能够了解到调查数据。在其提供了知情同意书后，来自 70 个工作团队的成员受邀完成了一个网络调查。被试供职于不同的职能团队，如研发、销售、人力资源及市场营销。工作团队的多样性选择能够增强研究结论的普适性（Hu & Liden，2011；Wu，Tsui & Kinicki，2010；Zhang & Peterson，2011）。所有的工作团队的成员之间都拥有不同程度的相互依赖性（Cohen & Bailey，1997；Hollenbeck，Beersma & Schouten，2012）。最终的有效数据包含 50 个团队中 263 名成员，有效回收率为 87.5%。该样本的平均团队规模为 5.26。所有被试的平均年龄为 29 岁，其中 61.6% 为男性，42.6% 拥有学士学位。

（二）研究工具

1. 共享式领导

运用社会网络方法（Mayo，Meindl & Pastor，2003），本研究用密度来衡量共享式领导，这一密度是指由同事评价的所有团队成员所表现出的领导行为的总数。本研究参照社会网络领域之前的测量方法（Carson et al.，2007；Sparrowe，Liden，Wayne & Kraimer，2001）来计算密度，具体来说就是将同事评价的团队内所有领导行为的总数除以团队成员间可能联结的总数。每一位团队成员从“一点也不”到“非常”在 1 ~ 5 刻度内打分，回答“你们团队依靠此人领导的程度”这一问题，以评价其所有同事。由于共享式领导代表了领导力在团队成员间的分配，因此用所有成员互相评价各自的领导力来测量密度抓住了共享式领导的本质。以往共享式领导的研究已经证明这一测量方法具有有效性（Carson et al.，2007；Ishikawa，2012）。由于共享式领导本质上是一个团队层面的现象，本研究首先需要证明将个体成员的领导力聚合为团队整体水平是否合适。根据 James，Demaree 和 Wolf（1984，1993）的方法，本研究计算了 r_{wg}（j）来衡量评判间一致性。结果表明，评判间一致性均值为 0.76，高于传统的阈值 0.70（James et al.，1984）；这表明总体来看，成员间对于彼此的领导力有一个较高水平的共识。此外，本研究进行了单因素方差分析，发现共享式领导评分在团队之间具有显著差异（$F = 1.83$，$p < 0.001$）。运用单因素方差分析的结果，本研究进而得到了组内相关系数（ICC（1））和组均值可靠度（ICC（2））以测量组间方差和组内一致性（Bliese，2000）。结果显示 ICC（1）=0.52 且 ICC（2）=0.85，与以往共享式领导的研究结果相似（如 Carson et al.，2007）。因此团队水平的共享式领导的测量方式是合适的。

2. 团队心理安全

团队心理安全用 Nembhard 和 Edmondson（2006）的 4 条目量表来衡量团队成员对于发表关于工作过程的言论感到安全的程度。被试需从“非常不同意”到“非常同意”在 1 ~7 刻度内打分。其中一个条目是“团队成员们在相互确认其是否知晓正确的工作方法时感到舒适”。该量表的 Cronbach's α 系数为 0.90。由于团队心理安全衡量的是团队成员间关于成员发表自己看法是否安全的共享认知，是一个团队水平的构念，因此本研究需要证明将个体评价聚合到团队分析水平的合理性。结果表明评判间一致性均值为 0.72，高于 0.70 的阈值（James et al.，1984），这表明成员间对这一问题具有较高的共识。此外，单因素方差分析结果表明团队心理安全的评分在团队之间具有显著差异（$F = 1.73$，$p < 0.01$）。而 ICC（1）=0.13 且 ICC（2）=0.59，显示数据具有较高的组间方差和组内一致性，与以往团队心理安全的研究结果相似

（Bradley et al.，2012；Edmondson，1999）。

3. 团队学习

团队学习用 Edmondson（1999）的 7 条目量表来测量。被试需从“非常不同意”到“非常同意”在 1～5 刻度内打分。比如其中一个条目是“我们经常花时间去寻找提高我们团队工作流程的方法”。该量表的 Cronbach's α 系数为 0.94。团队学习反映的是团队成员在学习行为上的共享模式，因此本研究用组内一致性来检验将个体评价聚合到团队水平的合理性。结果表明评判间一致性均值为 0.79，高于 0.70 这一传统可接受值（James et al.，1984）。此外，单因素方差分析结果表明团队学习水平在团队之间具有显著差异（$F = 2.43$，$p < 0.001$）。此外本研究还得到 ICC（1）＝0.13 且 ICC（2）＝0.44。尽管相对较低的 ICC（2）可能导致难以用组均值来探测例外的关系（Bliese，2000），但较高的评判间一致性系数和组间方差足以证明聚合的合理性（Chen & Bliese，2002）。因此本研究仍然将个体成员对团队学习的评价聚合到团队分析水平。

4. 个体学习

本研究用改编的 Edmondson（1999）的 7 条目量表来测量。原条目的指示对象由“我们”改为“我”，以反映个体成员自身的学习行为（Chan，1998）。比如其中一些条目为“我经常花时间去寻找提高我的工作流程的方法”“我经常寻找新信息以引导自己进行重要的改变”。本研究进行了验证性因素分析，采用通常可接受的阈值（$CFI > 0.90$，$NFI > 0.90$，$RMSEA > 0.10$，*Browne* & Cudeck，1992；Hu & Bentler，1995，1999）来检验这一测量模型是否能较好地拟合数据。验证性因素分析结果［χ^2（df）＝188.924（14），$CFI = 0.92$，$NFI = 0.91$，$RMSEA = 0.10$］接近可接受的水平，表明改编的个体学习条目只在一个因素上具有因子载荷。该量表的 Cronbach's α 系数为 0.97。

5. 工作多样性

工作多样性用 Idaszak 和 Drasgow（1987）的 3 条目量表来测量，这一量表改编自 Hackman 和 Oldham（1974，1975）的工作诊断调查。被试需从“非常不同意”到“非常同意”在 1～7 刻度内打分。比如其中一个条目为“该项工作要求我运用许多复杂而高水平的技能”。该量表的 Cronbach's α 系数为 0.90。

6. 控制变量

个体水平的年龄、性别和教育背景被选为控制变量，因为这些人口统计学变量可能会影响团队心理安全和学习行为（Ancona & Caldwell，1992；Edmondson，1999；Wong et al.，2010）。年龄是以年为单位进行自我报告。性别采用虚拟变量编码方法，用“1”代表女性，“2”代表男性。教育背景则用“1”代表低于高中，“2”代表低于学士学历，“3”代表学士，“4”代表硕士，“5”代表博士。此外，考虑到学习行为本质上是一个信息加工过程，而结构冗余则可能阻碍信息的有效流动（Argote & Ingram，2000；Bierly & Hämäläinen，1995；Gibson & Vermeulen，2003），本研究还将团队规模作为控制变量，并通过团队成员的总数来衡量其团队规模。

7. 数据分析方法

单因素方差分析结果表明公司之间在共享式领导（$F=1.43$，$p>0.05$）、心理安全（$F=1.28$，$p>0.05$）、团队学习（$F=0.53$，$p>0.05$）、个体学习（$F=0.77$，$p>0.05$）及工作多样性（$F=2.01$，$p>0.05$）上均无显著差异。另外，团队类型之间在这些方面也不具备显著差异（共享式领导，$F=0.74$，$p>0.05$；心理安全，$F=0.20$，$p>0.05$；团队学习，$F=1.61$，$p>0.05$；个体学习，$F=0.93$，$p>0.05$；工作多样性，$F=0.74$，$p>0.05$）。上述

结果表明可以运用该数据进行分析。

本研究的理论模型既包含个体水平的变量，又包含团队水平的变量，这本质上是一个跨层次模型。因此本研究用 Mplus 6.0 软件（Muthén & Muthén，2012）进行多层次分析以检验本研究的假设，并用卡方变化测试来检验增加一个预测变量是否能显著提升模型的拟合优度。

四　研究结果

表 5-6 和表 5-7 是个体和团队分析层面所有变量的描述性统计、可靠性及相关性结果。

表 5-6　个体层面变量的描述性统计、可靠性及相关系数

	均值	标准差	1	2	3	4	5
1. 性别	1.62	0.49					
2. 年龄	29.46	7.15	-0.01				
3. 教育程度	3.41	0.84	0.03	0.01			
4. 感知的工作多样性	5.08	1.15	-0.07	-0.03	-0.01	(0.90)	
5. 个体学习行为	5.31	0.99	0.00	0.04	-0.10	0.59**	(0.96)

注：n=263（个体层面）；量表可靠性标注于对角线上。所有标有 ** 的相关系数均在 $p<0.01$（双尾检验）的水平上显著。

表 5-7　团队层面变量的描述性统计、可靠性及相关系数

	均值	标准差	1	2	3	4
1. 团队规模	5.26	1.05				
2. 共享式领导	3.34	0.50	-0.03			
3. 心理安全	5.13	0.64	0.10	0.56**	(0.90)	
4. 团队学习行为	3.63	0.42	-0.04	0.69**	0.55**	(0.94)

注：n=50（团队层面）；量表可靠性标注于对角线上。所有标有 ** 的相关系数均在 $p<0.01$（双尾检验）的水平上显著。

表5－8则是所有假设检验结果的汇总。假设1认为共享式领导与（a）团队学习和（b）个体学习正相关。正如表5－8所示，在加入所有控制变量后，共享式领导不仅与团队学习正相关（$\beta=0.48$，$p<0.001$，模型4），而且与个体学习也正相关（$\beta=0.50$，$p<0.001$，模型9），验证了假设1a和假设1b。另外，卡方的减少表明加入共享式领导这一变量能够显著提升以团队学习作为因变量的模型的拟合度［$\Delta\chi$（1）＝31.94，$p<0.001$］，同时能够显著提升以个体学习作为因变量的模型的拟合度（$\Delta\chi$（1）＝57.90，$p<0.001$）。

表5－8　研究结果汇总

	团队心理安全		团队学习行为				
	模型1	模型2	模型3	模型4	模型5	模型6	模型7
个体层面							
性别	－0.08	－0.09	－0.11	－0.09	－0.05	－0.05	－0.04
年龄	0.05	0.04	0.01	0.07	0.06	0.01	0.07
教育程度	－0.15	－0.09	－0.02	0.07	0.10	0.04	0.04
工作多样性						0.38***	0.25***
团队层面							
团队规模	0.07	0.10	0.01	0.04	0.00	0.01	0.00
共享式领导		0.35**		0.48***	0.35***	0.28*	0.21*
团队心理安全					0.37***	0.21*	0.21*
跨层面							
团队心理安全							0.05*
工作多样性							
$\chi2$	76.95***	60.38***	82.35***	50.41***	39.91***	3.65	0.89
df	5	4	5	4	3	2	1
$\chi2$（1）		16.57		31.94	10.15	36.26	2.76

续表

	个体学习				
	模型 8	模型 9	模型 10	模型 11	模型 12
个体层面					
性别	-0.01	-0.02	0.09	0.06	-0.12
年龄	0.01	0.04	0.00	0.03	0.00
教育程度	-0.14	-0.03	0.04	-0.01	-0.01
工作多样性				0.33***	0.29***
团队层面					
团队规模	0.04	0.07	0.01	0.01	0.01
共享式领导		0.50***	0.57***	0.15*	0.31*
团队心理安全			0.55***	0.48***	0.42***
跨层面					
团队心理安全					
工作多样性					
	0.11*				
χ^2	172.32***	114.42***	26.82***	3.86	0.89
df	5	4	3	2	1
χ^2（1）		57.9	87.6	22.96	2.97

注：n=263（个体层面），n=50（团队层面）。* $p<0.05$，** $p<0.01$，*** $p<0.001$（双尾检验）。

假设 2 预测团队心理安全在共享式领导与（a）团队学习和（b）个体学习的关系中起中介作用。根据 Mathieu 和 Taylor（2007）多层中介效应模型分析步骤，中介机制成立的首要条件是自变量与因变量之间的关系具有显著性。假设 1 的检验结果表明，共享式领导与团队学习和个体学习正相关。其次，自变量应当与中介变量正相关。如表 5-8 中的模型 2 所示，共享式领导和团队心理安全之间正相关（$\beta=0.35$，$p<0.001$），因此满足了检验多层中介效应模型的第二个条件。在第三步和第四步的检验中，自

表 5-9 调节路径分析结果

	阶段		效应		
	1	2	直接	间接	总体
	P_{MX}	P_{YM}	P_{YX}	$P_{MX} \times P_{YM}$	$P_{YX} + P_{MX} \times P_{YM}$
团队学习作为因变量：					
低工作多样性（-1 SD）	0.35***	0.15***	0.21***	0.05***	0.26***
高工作多样性（+1 SD）	0.35***	0.27***	0.21***	0.09***	0.30***
工作多样性水平高与低的差异	0.00	0.12***	0.00	0.04***	0.04***
个体学习作为因变量：					
低工作多样性（-1 SD）	0.35***	0.29***	0.31***	0.10***	0.41***
高工作多样性（+1 SD）	0.35***	0.55***	0.31***	0.19***	0.50***
工作多样性水平高与低的差异	0.00	0.25***	0.00	0.09**	0.09**

注：n = 263（个体层面），n = 50（团队层面）。* $p < 0.05$，** $p < 0.01$，*** $p < 0.001$（双尾检验）。

变量和中介变量都同时进入回归模型。从模型 5 和模型 10 的结果可以看到，共享式领导仍然与团队学习（$\beta = 0.35$，$p < 0.001$）和个体学习（$\beta = 0.57$，$p < 0.001$）显著相关，并且团队心理安全也与团队学习（$\beta = 0.37$，$p < 0.001$）和个体学习（$\beta = 0.55$，$p < 0.001$）显著正相关。此外，卡方变化检验结果表明，引入团队心理安全这一变量能够显著地提高以团队学习作为因变量的模型（$\Delta\chi$（1） = 10.50，$p < 0.001$）及以个体学习作为因变量的模型（$\Delta\chi$（1） = 87.60，$p < 0.001$）的拟合度。另外，为了进一步检验中介机制的显著性，本研究应用 Sobel（1982）检验方法检验非直接关系（MacKinnon et al. , 2002)。Sobel 检验结果同样是显著的(团队学习，$Z = 2.01$，$p < 0.05$；个体学习，$Z = 2.76$，$p < 0.01$)。因此，团队心理安全氛围部分中介共享式领导与团队学习和个体学习的关系，部分支持假设 2a 和假设 2b。

假设 3 认为员工感知到的工作多样性调节共享式领导通过团队心理安全对(a)团队学习和(b)个体学习的非直接影响。本研究运用 Ng 等人(2008)的方法来检验这一两阶段有调节的中介效应(Edwards & Lambert，2007)。有调节的中介效应的成立需要满足四个条件：(a)共享式领导与团队学习和个体学习之间具有显著性的关系；(b)共享式领导与团队心理安全之间的关系显著；(c)在控制了其他预测变量后，团队心理安全和工作多样性的交互项与团队学习和个体学习之间具有显著性关系；(d)共享式领导通过心理安全对团队学习和个体学习的非直接作用，在工作多样性水平低和高时具有显著的差异。

假设 1 的检验结果支持了第一个条件。至于条件 2 和条件 3 则可以从表 5－8 模型 7 的结果中得到支持：团队心理安全与团队学习正相关($\beta = 0.21$，$p < 0.05$)，并且团队心理安全和工作多样性的交互项也与团队学习正相关($\beta = 0.05$，$p < 0.05$)。同样的，如表 5－8 模型 12 所示，团队心理安全与个体学习正相关($\beta = 0.42$，$p < 0.001$)，其与工作多样性的交互项也与个体学习正相关($\beta = 0.11$，$p < 0.05$)。此外，本研究将采用 Edwards 和 Lambert(2007)的调节路径分析方法，以检验共享式领导在工作多样性水平不同时对团队及个体学习的不同作用。为了检验间接作用的显著性，本研究采用了 bootstrap 的方法，通过 1000 次的重复取样，以得到纠偏后的置信区间。表 5－9 的结果表明共享式领导通过团队心理安全对团队学习的作用在工作多样性水平较高时($P_{MX} \times P_{YM} =$

0.09，$p<0.001$）比在工作多样性水平较低时（$P_{MX}\times P_{YM}=0.05$，$p<0.001$）更强烈。总之，对团队学习的间接作用的差异尽管相对来讲较小，却是显著的（$\Delta P_{MX}\times P_{YM}=0.04$，$p<0.001$）。综上，当工作多样性水平较高而非较低时，共享式领导通过团队心理安全对团队学习的非直接影响将更加强烈。因此，假设3a得到了支持。

类似的，表5－9同样显示出共享式领导通过团队心理安全对团队学习的作用在工作多样性水平较高时（$P_{MX}\times P_{YM}=0.19$，$p<0.001$）比在工作多样性水平较低时（$P_{MX}\times P_{YM}=0.10$，$p<0.001$）更强烈。总之，对个体学习的非直接作用的差异具有显著性（$\Delta P_{MX}\times P_{YM}=0.09$，$p<0.001$）。综上所述，当工作多样性水平较高而非较低时，共享式领导通过团队心理安全对个体学习的非直接影响将更加强烈。因此，假设3b也得到了验证。

五　讨论

通过整合共享式领导、学习及工作特征模型领域的研究成果，本研究阐明了共享式领导是否、如何以及何时对团队及个体层面的学习行为产生影响。而且本研究是将共享式领导与团队内的学习，包括团队学习及个体学习，一起进行讨论的首次尝试。本研究提出并发现心理安全在二者关系中的中介作用以及工作多样性在这一非直接作用中的调节效应。本研究的研究成果具有重要的理论意义和管理启示。

（一）理论贡献

首先，同许多共享式领导的研究（如 Carson et al.，2007；Pearce & Conger，2003a；Pearce & Sims，2002）一样，本研究进一步证明了除了传统的等级式领导以外，共享式领导对于团队的有效产出具有重要作用。具体来讲，本研究探讨了共享式领导与团队中的学习行为的关系。而学习行为已被一致认为对于提升工作流程和绩效产出有关键影响（如 Edmondson，Bohmer & Pisano，2001；Edmondson & Moingeon，1998；Hirak et al.，2012；Reagans，Argote & Brooks，2005；Weigelt & Sarkar，2009）。尽管组织或团队学习领域的研究已经有了较大进展，但该领域没有探讨共享式领导与团队及个体学习的关系。与正式的团队领导（Edmondson，1999）不同，共享式领导尤其显示出它通过促进团队成员的频繁互动和信息机知识交换从而与团队层面的共享学习模式的产生密切相关。正如本研究的研究结果所展示的，共享式领导对团队学习具有积极的影响。此外，关于团队中的个体学习的研究目前来看还十分滞后。由于只有通过团队中的个体学习行为才能提升整个团队（Cohen，1991；Kim，1993），对个体学习研究的滞后会对这一领域的发展产生较为严重的影响。个体学习行为并非在真空中发生；相反，个体学习行为受到工作团队环境的影响（Hackman，1992；Senge，1990）。正如本研究所指出的那样，团队层面的共享式领导直接影响到个体成员的个人学习行为。因此本研究的研究成果扩展了领导力和学习者两个研究领域，丰富了我们对领导影响团队中的学习行为的认识。

其次，本研究的另一重要贡献在于引入团队心理安全作为共享式领导与团队中的学习行为的中介机制。本研究发现，共享式领导通过在团队中创造一种心理安全的环境，鼓励团队成员寻求新信息和新知识，从而影响团队中的学习行为。之前学者便呼吁更多关于共享式领导影响结果变量的机制的研究（Burke et al.，2011；Carson et al.，2007），而这一发现是对此号召的积极响应。

再次，本研究的贡献还在于呈现了共享式领导影响作用的一个重要边界条件。本研究整合了领导权变理论和工作特征模型的相关研究，并发现通过共享式领导创造一种心理安全氛围并不足以促进团队中的学习行为，而工作多样性则是共享式领导影响学习行为的一种重要权变因素。本研究研究结果显示，当工作多样性水平较高而非较低时，共享式领导通过团队心理安全对团队学习及个体学习的非直接影响将更加强烈。

最后，本研究拓展了关于中国团队中的共享式领导的认识。共享式领导是产生并发展于西方国家的一个概念，并且尚不清楚它是否在东方文化背景下也能够发挥重要作用。由于东方社会的权力距离和集体主义倾向都比大多数像美国这样的西方国家高（Hofstede，1984，1991），因此本研究带着这一问题在中国这个东方社会中进行研究。结果显示共享式领导在中国文化下也有助于团队心理安全和团队及个体学习。因此本研究的研究结果拓展了共享式领导的外部效度。此外，尽管如前文所述，该理论的建立并非针对特定的文化环境，但较高的权力距离文化仍可能抑制成员在团队中分担领导权力，以至于共享式领导对团队个体产出的影响有所减弱。未来研究可以同时用来自西方和东方社会的团队重做一次本研究的研究，以检验共享式领导在不同文化背景下的作用是否不同。

（二）实践意义

团队及个体学习对个体、团队及组织的成功具有相当重要的作用。因此本研究的发现对管理实践者具有一定的启示。首先，本研究的研究结果表明，共享式领导是促进团队水平和个体水平的学习行为的重要方式。因此组织和管理者可以鼓励团队成员分担领导的角色和责任，以支持共享式领导方式。其次，本研究发现团队心理安全在共享式领导与团队中学习行为的关系中具有桥梁作用。因此组织可以通过鼓励员工勇于冒险发表自己的观点和看法，来帮助工作团队创造一种心理安全的环境。相关培训项目对引导团队成员发表自己的怀疑和观点以及开放性对待别人的观点和行为有促进作用。

此外，本研究证实了工作多样性能够强化共享式领导、团队心理安全及团队和个体学习之间的关系。由于当员工认为他们有学习并使用不同类型技能的机会时，员工学习的动机会受到激发（McClelland，1984），因此管理实践应当扩大和丰富工作类型以提高工作多样性。工作轮换、工作分担和技能培训项目等政策可以帮助组织提高工作多样性的水平。

最后，本研究也使跨文化商业管理政策更加清晰。尽管人们可能认为，由于文化的差异，东方国家工作团队的管理方式不同于西方工作团队（Farh，Hackett & Liang，2007），但本研究运用来自中国的数据，发现最初在美国发展并得到检验的共享式领导理论和学习理论在中国仍然具有高度的一致性。因此，本研究帮助我们重新塑造了关于管理非西方环境下的工作团队的传统认识。尤其对于移居中国的西方管理者来说，他们应当意识到，共享式领导能够通过创造团队中的心理安全氛围，从而鼓励中国团队成员的学习，此时可以不考虑国家层面的文化差异。同 Carson 等人（2007）一样，本研究也建议管理者应当注意到在西方发展起来的共享式领导和工作团队理论，并有效运用它们引导东方商业环境中的工作团队。

（三）本研究局限及未来研究方向

和大多数研究一样，本研究也同样存在一定的局限性。首先，横截面数据的运用使得我们无法得出模型中变量之间存在因果关系的结论。例如，当在一个可以自由发表言论的团队中，成员可能更愿意分担领导的责任和角色。于是本研究还尝试替换了共享式领导和团队心理安全二者关系的顺序，检验了一个相反的模型。结果表明团队心理安全与共享式领导正相关（$\beta = 0.16$，$p < 0.01$）。然而，在自由度不变的情况下，该模型的卡方值增加了16.71，这表明经过替换更改的这一模型和假设模型相比拟合度要差。然而，未来研究最好使用纵向数据或采用实验室研究的方法进一步证明本研究所探讨的因果关系。

其次，除共享式领导外，其他变量都具有同源性质，这可能导致共同方法偏差的问题。不过，由于共享式领导来自同事评价并用社会网络的方法进行计算，而且不同层面的构念具有不同的参照对象，因此本研究的共同方法变异并不严重。另外，本研究应用 Harman 的单因素检验（Podsakoff，MacKenzie，Lee & Podsakoff，2003）和运用主成分分析的非旋转性探索性因素分析，发现第一主成分的因子载荷仅为0.29，所有测量方法不存在系统误差。

再次，尽管共享式领导被证明在中国情景下是有效的，本研究却并未将其对团队产出的作用与垂直领导模式相比较。未来研究可以比较这两种领导方式及其对团队和个体产出的作用，这是一个具有潜在价值的方向。

最后，本研究未能直接检验共享式领导影响团队和个体产出的其他相关边界条件，比如任务依存度、成员特征及价值观（Carson et al.，2007；Pearce & Conger，2003b）。与共享式领导的影响机制存在可能相关关系的团队及个体特征很多，这使得我们难以在一项研究中检验所有的边界条件。然而，探索共享式领导在怎样的条件下更具有有效性将是未来研究的一个具有前景的研究方向。

综上所述，本研究探讨了共享式领导与团队和个体学习之间的关系，并且引入了团队心理安全作为这一关系的中介变量、工作多样性作为其调节变量。本研究的研究结果有助于我们理解共享式领导在团队中的作用，以及它如何及何时对团队及个体学习产生影响。本研究也呼吁未来有更多研究探讨共享式领导与团队及个体产出的关系。

第六章

总结与讨论

第一节　本书的理论贡献和实践贡献

一　本书的理论贡献

除了第五章每节的实证研究中提到的在松 - 紧领导和共享式领导方面的贡献外，本书从整体上还做出了如下的理论贡献。

第一，在国内引入后英雄式领导这一理论视角。本书应该是国内第一部以后英雄式领导为题展开研究的学术著作，为中国领导学界在未来的研究中提供了后英雄式领导的理论视角和对话平台。从统计数据（见表 3 - 6）中也可以看出，在国内，虽然已经有不少对后英雄式领导的研究，但仍然还不够壮大，本书所提的后英雄式领导这一总体概念将会在一定程度上帮助形成这一领域的发展合力。

第二，清晰了后英雄式领导概念的内涵与外延。虽然后英雄式领导已经逐渐成为学术界的流行词语，但并没有一个统一被认可的定义。本书对于这一概念内涵进行了界定，即“可以在组织的任何层级发生的，不一定拥有正式的职位权力的，并且更多地依赖员工而非自己的个人力量的领导模式”，最重要的是将后英雄式领导的概念外延清晰化，确认了后英雄式领导家族所包含的概念类型，并区分了广义的和狭义的后英雄式领导。广义的后英雄式领导是内容宽泛的概念，包含所有的褪下英雄色彩的领导类型，而狭义的后英雄式领导特指的就是集体式的领导模式。

第三，提出了后英雄式领导的分类框架。后英雄式领导所包含的概念众多，内涵相互交叉和重叠，概念之间也缺乏相应的对话平台，使用起来较为混乱，阻碍了这一领域的发展。本书提出了按照领导的人数和领导职位的正式与否这两个维度所形成的四象限分类框架，并通过这一框架明确相应概念在后英雄式领导“版图”中的位置，从而可以将现有的文献整合起来，为研究者在概念丛林中如何取舍和使用这些概念提供了参考，也为读者更清楚地了解后英雄式领导的研究提供帮助。

第四，介绍了后英雄式领导的研究现状。本书统计了相关概念在英文和中文数据库，尤其是在英文的7本管理学顶级学术期刊和 *Leadership Quarterly* 这样的领导学专业期刊中出现的频次，确认了哪些概念更多得到了主流学术界的认可，帮助读者对于这些概念的研究进展有一个大概的认知。更重要的是，本书通过综述的方式，深入地解读和分析了后英雄式领导的代表性概念的研究现状和发展。这些概念分别来自分类框架中的四个象限，前三个象限中各一个，分别是松－紧式领导、非正式领导和高管团队行为整合。第四象限中，笔者选取了出现频次最高的共享式领导和分布式领导，虽然这两个概念高度重叠，但还是对二者分别进行了介绍，并且还系统比较了二者的细微差异，为未来的研究者选用相应的概念提供依据。

第五，深入探索了后英雄式领导的作用机制。本书选取了松－紧式领导和共享式领导，通过实证研究的方法，深入分析了这两种领导模式在团队背景下的作用机制。现有的相关研究虽然明确了松－紧领导和共享式领导的正面效应，但很少剖析它们在产生正面效应时的作用机制。本书通过中介效应、调节效应和跨层影响的分析，揭示了这两种领导模式是如何对结果变量产生作用的。这两个概念来自后英雄式领导概念丛林所形成的“连续统一体”的两端，本书的研究对于了解其他后英雄式领导模式的作用机制也具有一定的启发意义。

第六，明确了后英雄式领导在中国文化下的价值。虽然传统上中国的权力距离较高（Hofstede，1984，1991），往往需要领导的权威形象和强力干预，后英雄式领导可能在中国的正面价值不如西方。本书实证研究所选取的样本都是中国的团队和员工，其结论表明后英雄式领导其实在中国也具有极高的价值。这可能是因为中国处于转型期，微观层面的价值观已经出现了很大的差异化（Farh，Hackett & Liang，2007），虽然整体上中国人有较高的权力距离，但具体到个人和组织则有非常不同的表现，年轻人和研发人员等群体可能更乐于处于后英雄式领导的团队或组织中，并会因此表现出更高的工作热情和更好的工作绩效。所以，后英雄式领导可能会在未来的中国有很好的应用前景。

二　本书的实践贡献

除了第五章所提出的针对特定研究的实践贡献，本书最大的实践贡献是向中国企业的管理层和团队的管理者推荐了后英雄式的领导模式。至于到底是选择张弛结合的松－紧式领导，还是选择普通员工也可以是领导的共享式领导，抑或是选择这两个端点之间的其他模式，中国的组织可以根据具体情况确定，但总体上，后英雄式领导是转型期中国的管理者可以信赖的领导模式。

第二节　本书的局限和未来研究的方向

后英雄式领导的分类框架是本研究的核心内容和重要贡献，不过需要指出，虽然笔者已在第三章第一节中阐明了分类的原则，但由于缺乏量化标准，划分类型时仍然有主观色彩。未来的研究可以继续细化分类标准，提出更具说服力的分类方法。

后英雄式领导，尤其是第四象限的相关概念的实证分析还是比较少的，本书虽然做了尝试，但这一分析仍然还只是初步的。未来的研究还有很多可以考虑的实证研究角度，比如，可以进一步深入分析后英雄式领导还能够通过怎样的机制起作用，尤其应该比较不同的后英雄式领导概念之间，以及英雄式领导概念和后英雄式领导概念之间的作用差异，并且找到形成这些差异的情境条件，从而更好地帮助企业实践选择相应的领导模式。

参考文献

曹威麟、谭敏、梁樑：《自我领导与个体创新行为——一般自我效能感的中介作用》，《科学学研究》2012年第30期。

陈国权：《团队学习和学习型团队：概念，能力模型，测量及对团队绩效的影响》，《管理学报》2007年第5期。

储奔、王晓宇：《自我管理团队：概念、成功关键要素及其应用研究》，《河北经贸大学学报》2006年第4期。

韩巍、席酉民：《不确定性—支配权—本土化领导理论：和谐管理理论的视角》，《西安交通大学学报》2009年第9期。

韩翼、杨百寅：《真实型领导、心理资本与员工创新行为：领导成员交换的调节作用》，《管理世界》2011年第12期。

古斯塔夫·勒庞：《乌合之众：大众心理研究》，冯克利译，中央编译出版社，2005。

古家军：《TBC背景下企业高管团队战略决策过程研究》，华中科技大学博士学位论文，2009。

贺立军、王云峰：《高校领导团队行为整合研究：团队认知视角》，

《河北学刊》2010年第1期。

蒋春燕：《高管团队要素对公司企业家精神的影响机制研究——基于长三角民营中小高科技企业的实证分析》，《南开管理评论》2011年第3期。

李超平、时勘：《变革型领导的结构与测量》，《心理学报》2005年第6期。

李超平、田宝、时勘：《变革型领导与员工工作态度》，《心理学报》2006年第3期。

李洁芳：《分布式领导概念内涵、角色关系辨析与未来研究展望》，《外国经济与管理》2008年第8期。

理查德·哈格斯、罗伯特·吉纳特、戈登·柯菲：《领导学：在实践中提升领导力》（第4版），朱舟译，机械工业出版社，2004。

刘博逸：《共享领导的概念内涵、内容结构、绩效水平与实施策略》，《理论探讨》2012年第1期：162-166。

刘军、刘小禹、刘松博：《组织中的公权和私权领导研究思路探讨》，《外国经济与管理》2010年第3期。

刘松博：《自主支持对员工创新的跨层次影响机制研究——团队和领导双向学习的作用》，《经济管理》2013年第1期。

刘松博：《领导学》，中国人民大学出版社，2013。

刘松博、戴玲玲、李育辉：《收放自如，张弛结合：松-紧式领导述评》，《社会心理科学》2013年第1期。

刘松博、戴玲玲、王亚楠：《“松-紧”式领导对员工创造性的跨层影响机制》，《软科学》2014年第12期（待发）。

刘松博、许惠龙：《领导力的未来：分布式领导》，《领导科学》2012年第9期。

刘松博、周红艳：《高管团队行为整合在中西方的理论发展与展望》，《现代管理科学》2013年第1期。

刘云：《自我领导与员工创新行为的关系研究——心理授权的中介效应》，《科学学研究》2011年第10期。

马富萍、郭晓川：《高管团队异质性与技术创新绩效的关系研究——以高管团队行为整合为调节变量》，《科学学与科学技术管理》2010年第12期。

马可一：《民营企业高管团队信任模式演变与绩效机制研究》，浙江大学博士学位论文，2005。

彭正龙、王红丽、谷峰：《涌现型领导对团队情绪、员工创新行为的影响研究》，《科学学研究》2011年第3期。

曲如杰、孙军保、杨中、司国栋、时勘：《领导对员工创新影响的综述》，《管理评论》2012年第2期。

任正非：《轮值CEO可以避免偏执风险》，《商界》2012年第7期。

史王民：《论"非正式领导"》，《中国管理信息化》2010年第13期。

孙海法、刘海山、姚振华：《党政、国企与民企高管团队组成和运作过程比较》，《中山大学学报》（社会科学版）2008年第1期。

孙健敏、王碧英：《公仆型领导：概念的界定与量表的修订》，《商业经济与管理》2010年第5期。

孙利平、凌文辁、方俐洛：《团队中的共享领导：领导研究的新视角》，《软科学》2009年第11期。

唐贵瑶、李鹏程、李骥：《国外授权型领导研究前沿探析与未来展望》，《外国经济与管理》2012年第9期。

王永丽、邓静怡、任荣伟：《授权型领导、团队沟通对团队绩效的影响》，《管理世界》2009年第4期。

王珍：《“三无”目标下的海尔战略与执行》，《第一财经日报》2013年8月2日。

徐枞巍、于晓敏、吴旸：《变革型领导与工作满意度现有研究之元分析》，《北京航空航天大学学报》（社会科学版）2009年第6期。

杨云：《我国饭店业高管团队运作过程对企业绩效影响的实证研究》，《旅游学刊》2009年第2期。

姚振华、孙海法：《高管团队行为整合的构念和测量：基于行为的视角》，《商业经济与管理》2009年第12期。

姚振华、孙海法：《高管团队组成特征与行为整合关系研究》，《南开管理评论》2010年第1期。

姚振华、孙海法：《高管团队组成特征、沟通频率与组织绩效的关系》，《软科学》2011年第6期。

张平：《国外高层管理团队研究综述》，《科技进步与对策》2006年第7期。

张瑞敏：《让每个人成为自己的CEO：打造“人单合一”的双赢文化》，《中外管理》2009年第12期。

张晓峰：《分布式领导：缘起、概念与实施》，《比较教育研究》2011年第9期。

张燕、王辉、陈昭全：《授权赋能研究的进展》，《南大商学评论》2006年第11期。

郑晓明、李祎：《共享型领导、团队情绪智力与团队绩效关系研究》，《中国管理科学》2009年第17期（专辑）。

周明建、阮超：《威权型领导力对下属工作绩效的影响：领导—成员交换的调节作用》，《管理学家》2010年第4期。

Agle, B. R., Nagarajan, N. J., Sonnenfeld, J. A. & Srinivasan,

D. Does CEO Charisma Matter? An Empirical Analysis of the Relationships among Organizational Performance, Environmental Uncertainty, and Top Management Team Perceptions of CEO Charisma. *Academy of Management Journal*, 2006, 49 (1): 161 -174.

Ahearne, M. , Mathieu, J. & Rapp, A. To Empower or not to Empower Your Sale Force? An Empirical Examination of the Influence of Leadership Empowerment Behavior on Customer satisfaction and Performance. *Journal of Applied Psychology*, 2005, 90 (5): 945 -955.

Aiken, L. S. & West, S. G. *Multiple Regression: Testing and Interpreting Interactions.* Newbury Park, CA: Sage, 1991.

Amabile, T. M. A Model of Creativity and Innovation in Organizations. In B. M. Staw & L. L. Cummings (Ed.), *Research in Organizational Behavior.* Greenwich, CT: JAI Press, 1988: 123 -167.

Amabile, T. M. *Creativity and Innovation in Organizations.* Boston, MA: Harvard Business School, 1996.

Amabile, T. M. , Schatzel, E. A. , Moneta, G. B. & Kramer, S. J. Leader Behaviors and the Work Environment for Creativity: Perceived Leader Support. *Leadership Quarterly*, 2004, 15 (1): 5 -32.

Amason A. C. Distinguishing the Effects of Functional and Dysfunctional Conflict on Strategic Decision Making: Resolving a Paradox for Top Management Teams. *Academy of Management Journal*, 1996, 39 (1): 123 -147.

Amason, A. C. & Schweiger D. M. Resolving the Paradox of Conflict, Strategic Decision Making, and Organizational Performance. *International Journal of Conflict Management*, 1994, 5 (July): 239 -253.

Amason, A. C. & Sapienza H. J. The effects of top management team size and interaction norms on cognitive and affective conflict. *Journal of Management*, 1997, 23 (4): 495 -516.

Ancona, D. G. & Bresman, H. *X-teams: How to Build Teams that Lead, Innovate and Succeed.* Boston, MA: Harvard Business School Press, 2007.

Ancona, D. G. , & Caldwell, D. F. Bridging the Boundary: External Activity and Performance in Organizational Teams. *Administrative Science Quarterly*, 1992, 37 (4): 634 -665.

Anderson, S. D. & Wangerg, K. W. A Convergent Validity Model of Emergent Leadership in Groups. *Small Group Research*, 1991, 22 (3), 380 -397.

Anthony, A. T. Emergent Leaders as Managers of Group Emotion. *Leadership Quarterly*, 2002, 13 (5), 583 -599.

Archer, J. Sex Differences in Social Behavior: Are the Social Role and Evolutionary Explanations Compatible? *American Psychologist*, 1996, 51 (9): 909 -917.

Argote, L. & Ingram, P. Knowledge Transfer: A Basis for Competitive Advantage in Firms. *Organizational Behavior and Human Decision Processes*, 2000, 82 (1): 150 -169.

Arnold, J. A. , Arad, S. , Rhoades, J. A. & Drasgow, F. The Empowering Leadership Questionnaire: The Construction and Validation of a New Scale for Measuring Leader Behaviors. *Journal of Organizational Behavior*, 2000, 21 (3): 249 -269.

Avolio, B. J. A Somewhat Loose Interpretation of the Loose-tight Distinction. *Applied Psychology*, 1997, 46 (4): 439 -443.

Avolio, B. J. , Bass, B. M. & Jung D. I. Re-examining the Components of Transformational and Transactional Leadership Using the Multifactor Leadership Questionnaire. *Journal of Occupational and Organizational Psychology*, 1999, 72 (4): 441 – 462.

Avolio, B. J. , Jung, D. I. , Murry, W. & Sivasubramaniam, N. Building Highly Developed Teams: Focusing on Shared Leadership Processes, Efficacy, Trust, and Performance. In M. M. Beyerlein, D. A. Johnson & S. T. Beyerlein (Ed.), *Advances in Interdisciplinary Study of Workteams: Team Leadership*. Greenwich, CT: JAI Press, 1996: 173 – 209.

Avolio, B. J. , Jung, D. I. , Murry, W. , Sivasubramaniam, N. & Garger, J. Assessing Shared Leadership: Development of a Team Multifactor Leadership Questionnaire. In C. L. Pearce & J. A. Conger (Ed.), Shared leadership: Reframing the Hows and Whys of Leadership. Thousand Oaks, CA: Sage Publications, 2003: 143 – 172.

Aycan, Z. & Kanungo R. N. Paternalism: Towards Conceptual Refinement and Operationalization. In K. S. Yang, K. K. Hwang & U. Kim (Ed.), *Scientific Advances in Indigenous Psychologies: Empirical, Philosophical, and Cultural Contributions*. London, U. K. : Sage, 2006: 445 – 466.

Bain, P. G. , Mann, L. & Pirola – Merlo, A. The Innovation Imperative The Relationships Between Team Climate, Innovation, and Performance in Research and Development Teams. *Small Group Research*, 2001, 32 (1): 55 – 73.

Bandura, A. *Social Learning Theory*. Englewood Cliffs, NJ: Prentice-Hall, 1977.

Barbuto, J. E. & Wheeler, D. W. Scale Development of Construct Clarification of Servant Leadership. *Group and Organization Manage-*

ment, 2006 (3): 300 - 326.

Barsade, S. B. & Gibson, D. E. Group Emotion: A View from Top and Bottom. In D. H. Gruenfeld (Ed.), *Research on Managing Groups and Teams: Composition*. Stamford, CT: JAI Press, 1998, 1: 81 - 102.

Bass, B. M. *Leadership and Performance beyond Expectations*. New York, NY: Free Press, 1985.

Bass, B. M. & Avolio, B. J. *Multifactor Leadership Questionnaire*. Palo Alto, CA: Consulting Psychologists Press, 1993.

Bass, B. M. & Stogdill, R. M. *Bass & Stogdill's Handbook of Leadership Theory, Research, and Managerial Applications* (3rd Ed.) . New York, NY: Free Press, 1990.

Beekun, R. I. Assessing the Effectiveness of Sociotechnical Interventions: Antidote or Fad? *Human Relations*, 1989, 42 (10), 877 - 897.

Bell S. T. Deep-level Composition Variables as Predictors of Team Performance: A Meta-analysis. *Journal of Applied Psychology*, 2007, 92 (3): 595 - 615.

Bierly, P. E., & Hämäläinen, T. Organizational Learning and Strategy. *Scandinavian Journal of Management*, 1995, 11 (3): 209 - 224.

Blanchard, K. & Johnson, S. *The One Minute Manager*. London: HarperCollins, 2000.

Bliese, P. D. Within-group Agreement, Non-independence, and Reliability: Implications for Data Aggregation and Analysis. In K. J. Klein & S. W. J. Kozlowski (Ed.), *Multilevel Theory, Research, and Methods in Organizations: Foundations, Extensions, and New Directions*. San Francisco, CA: Jossey-Bass, 2000: 349 - 381.

Bolden, R. Distributed Leadership in Organizations: A Review of Theory and Research. *International Journal of Management Reviews*, 2011, 13 (3): 251 - 269.

Bourgeois, L. J. & Eisenhardt, K. Strategic Decision Processes in High Velocity Environments: Four Cases in the Microcomputer Industry. *Management Science*, 1988, 34 (7): 816 - 835.

Bowers, D. G. & Seashore, S. E. Predicting Organizational Effectiveness with a Four-factor Theory of Leadership. *Administrative Science Quarterly*, 1966, 11 (2): 238 - 263.

Bradley, B. H., Postlethwaite, B. E., Klotz, A. C., Hamdani, M. R. & Brown, K. G. Reaping the Benefits of Task Conflict in Teams: The Critical Role of Team Psychological Safety Climate. *Journal of Applied Psychology*, 2012, 97 (1): 151 - 158.

Brief, A. P. & Aldag, R. J. Employee Reactions to Job Characteristics: A Constructive Replication. *Journal of Applied Psychology*, 1975, 60 (2): 182 - 186.

Brodbeck, F. C., Frese, M., Akerblom, S., Audia, G., Bakacsi, G., Bendova, H., et al. Cultural Variation of Leadership Prototypes across 22 European Countries. *Journal of Occupational and Organizational Psychology*, 2000, 73 (1): 1 - 29.

Bunderson, J. S. & Boumgarden, P. Structure and Learning in Self-managed Teams: Why "Bureaucratic" Teams Can be Better Learners. *Organization Science*, 2010, 21 (3): 609 - 624.

Burch, P. School Leadership Practice and the School Subject. In

J. P. Spillane & J. B. Diamond (Ed.), *Distributed leadership in Practice*. New York, NY: Teachers College Press, 2007: 129 - 145.

Burke, C. S., Diza Granados, D. & Salas, E. Team Leadership: A Review and Look Ahead. In A. Bryman (Ed.), *The SAGE Handbook of Leadership*. Los Angeles, CA: Sage, 2011: 338 - 351.

Burke, C. S., Stagl, K. C., Klein, C., Goodwin, G. F., Salas, E. & Halpin, S. M. What Type of Leadership Behaviors are Functional in Teams? A Meta-analysis. *Leadership Quarterly*, 2006: 17, 288 - 307.

Burns, J. M. *Leadership*. New York, NY: Harper & Row, 1978.

Carmeli, A. Social Capital, Psychological Safety and Learning Behaviours from Failure in Organizations. *Long Range Planning*, 2007, 40 (1): 30 - 44.

Carmeli, A. Top Management Team Behavioral Integration and the Performance of Service Organizations. *Group & Organization Management*, 2008, 12 (33): 712 - 735.

Carmeli, A., & Halevi, M. Y. How Top Management Team Behavioral Integration and Behavioral Complexity Enable Organizational Ambidexterity: The Moderating Role of Contextual Ambidexterity. *Leadership Quarterly*, 2009, 20 (2): 207 - 218.

Carmeli, A. & Schaubroeck, J. 2006. Top Management Team Behavioral Integration, Decision Quality, and Organizational Decline. *Leadership Quarterly*, 17 (5): 441 - 453.

Carmeli, A., Schaubroeck, J. & Tishler, A. How CEO Empowering Leadership Shapes Top management Team Processes: Implications For Firm Performance. *Leadership Quarterly*, 2011, 22 (2): 399 - 411.

Carmeli, A. & Shteigman, A. Top Management Team Behavioral Integration in Small-Sized Firms: A Social Identity Perspective. *Group Dynamics: Theory, Research, and Practice*, 2010, 14 (4): 318 -331.

Carson, J. B., Tesluk, P. E. & Marrone, J. A. Shared Leadership in Teams: An Investigation of Antecedent Conditions and Performance. *Academy of Management Journal*, 2007, 50 (5): 1217 -1234.

Carter III, J. J. & Justis, R. T. The Development and Implementation of Shared Leadership in Multi-generational Family Firms. *Management Research Review*, 2010, 33 (6): 563 -585.

Chan, D. Functional Relations Among Constructs in the Same Content Domain at Different Levels of Analysis: A Typology of Composition Models. *Journal of Applied Psychology*, 1998, 83 (2): 234 -246.

Chan, K. Y. & Drasgow, F. Toward a Theory of Individual Differences and Leadership: Understanding the Motivation to Lead. *Journal of Applied Psychology*, 2001, 86 (3): 481 -498.

Chaturvedi, S., Zyphur, M., Arvey, R., Avolio, B. & Larsson, G. The Heritability of Emergent Leadership: Age and Gender as Moderating Factors. *Leadership Quarterly*, 2012, 23 (2): 219 -232.

Chen, G. & Bliese, P. D. The Role of Different Levels of Leadership in Predicting Self-and Collective Efficacy: Evidence for Discontinuity. *Journal of Applied Psychology*, 2002, 87 (3): 549 -556.

Chen, C. C., Chen, X. & Meindl, J. R. How Can Cooperation Be Fostered? The Cultural Effects of Individualism-collectivism. *Academy of Management Review*, 1998, 23 (2): 285 -304.

Chen, G., Gully, S. M., Whiteman, J. A. & Kilcullen, B. N. Examination of Relationships among Trait-like Individual Differences, State-like Individual Differences, and Learning Performance. *Journal of Applied Psychology*, 2000, 85 (6): 835 -847.

Chen, M. J. , Lin, H. C. & Michel, J. G. Navigating in a Hypercompetitive Environment: The Roles of Action Aggressiveness and TMT Integration. *Strategic Management Journal*, 2010, 31 (13): 1410 - 1430.

Chen, G. & Tjosvold, D. Shared Rewards and Goal Interdependence for Psychological Safety among Departments in China. *Asia Pacific Journal of Management*, 2012, 29 (2): 433 -452.

Chen, Y. F. & Tjosvold, D. Participative Leadership by American and Chinese Managers in China: The Role of Relationships. *Journal of Management Studies*, 2006, 43 (8): 1727 -1752.

Cheng, B. S. , Chou, L. F. , Wu, T. Y. , Huang, M. P. & Farh, J. L. Paternalistic Leadership and Subordinate Responses: Establishing a Leadership Model in Chinese Organizations. *Asian Journal of Social Psychology*, 2004, 7 (1): 89 -117.

Chiaburu, D. S. & Harrison, D. A. Do Peers Make the Place? Conceptual Synthesis and Meta-analysis of Coworker Effects on Perceptions, Attitudes, OCBs, and Performance. *Journal of Applied Psychology*, 2008, 93 (5): 1082 -1103.

Chou, L. F. , Cheng, B. S. & Jen, C. K. The Contingent Model of Paternalistic Leadership: Subordinate Dependence and Leader Competence. *Proceedings of the Meeting of the Academy of Management*, Honolulu, Hawaii, 2005.

Coates, D. , & Miller, M. Self-Directed Teams: Lessons Learned for Local Government. *Public Management*, 1995, 77 (12): 16 -21.

Cogliser, C. C., Gardner, W. L, Gavin, M. B. & Broberg, J. C. Big Five Personality Factors and Leader Emergence in Virtual Teams: Relationships with Team Trustworthiness, Member Performance Contributions, and Team Performance. *Group & Organization Management*, 2012, 37 (6): 752-784.

Cohen, M. D. Individual Learning and Organizational Routine: Emerging Connections. *Organization Science*, 1991, 2 (1): 135-139.

Cohen, S. G. & Bailey, D. E. What Makes Teams Work: Group Effectiveness Research from the Shop Floor to the Executive Suite. *Journal of Management*, 1997, 23 (3): 239-290.

Cohen, S. G., Chang, L. & Ledford, G. E., Jr. A Hierarchical Construct of Self-management Leadership and its Relationship to Quality of Work Life and Perceived Work Group Effectiveness. *Personnel Psychology*, 1997, 49 (5): 643-676.

Cohen, S. G., Ledford, G. E., Jr. & Spreitzer, G. M. A Predictive Model of Self-managing Work Team Effectiveness. *Human Relations*, 1996, 49 (5): 643-676.

Coleman, J. S. Rational Action, Social Networks, and the Emergence of Norms. In C. Calhoun, M. W. Meyer & W. R. Scott (Ed.), *Structures of Power and Constraint*. New York, NY: Cambridge University Press, 1990: 91-112.

Colquitt, J. A., LePine, J. A. & Noe, R. A. Toward an Integrative Theory of Training Motivation: A Meta-analytic Path Analysis of 20 Years of Research. *Journal of Applied Psychology*, 2000, 85 (5): 678-707.

Conger, J. A. & Kanungo, R. N. Charismatic Leadership in Organizations: Perceived Behavioral Attributes and Their Measurement. *Journal of Organizational Behavior*, 1994, 15 (5): 439 -452.

Coopey, J. & Burgoyne, J. Politics and Organizational Learning. *Journal of Management Studies*, 2000, 37 (6): 869 -886.

Cotton, J. L., Vollrath, D. A., Froggatt, K. L., Lengnick-Hall, M. L. & Jennings, K. R. Employee Participation: Diverse Forms and Different Outcomes. *Academy of Management Review*, 1988, 13 (1): 8 -22.

Coldren, A. Spanning the Boundary between School Leadership and Classroom Instruction at Hillside Elementary School. In J. P. Spillane & J. B. Diamond (Ed.), *Distributed leadership in Practice*. New York, NY: Teachers College Press, 2007: 16 -34.

Conger, J. A. & Kanungo, R. N. The Empowerment Process: Integrating Theory and Practice. *Academy of Management Review*, 1988, 13 (3): 471 -482.

Conger, J. A. & Kanungo, R. N. Charismatic Leadership in Organizations: Perceived Behavioral Attributes and Their Measurement. *Journal of Organizational Behavior*, 1994, 15 (5): 439 -452.

Crevani, L., Lindgren, M. & Packendorff, J. Shared Leadership: A Post-heroic Perspective on Leadership as a Collective Construction. *International Journal of Leadership Studies*, 2007, 3 (1): 40 -67.

Crosby, B. C. & Bryson, J. M. Integrative Leadership and the Creation and Maintenance of Cross-sector Collaborations. *Leadership Quarterly*, 2010, 21 (2): 211 -230.

Day, D. V., Gronn, P. & Salas, E. Leadership Capacity in Teams. *Leadership Quarterly*, 2004, 15: 857 -880.

Day, D. V., Gronn, P. & Salas, E. Leadership in Team-based Organization: On the Threshold of a New Era. *Leadership Quarterly*, 2006, 17 (3): 211 - 216.

Day, D. V., Schleicher, D. J., Unckless, A. L. & Hiller, N. J. Self-monitoring Personality at Work: A Meta-analytic Investigation of Construct Validity. *Journal of Applied Psychology*, 2002, 87 (2): 390 - 401.

De Neve J. E., Mikhaylov S. & Dawes C. T. Born to Lead? A Twin Design and Genetic Association Study of Leadership Role Occupancy. *Leadership Quarterly*, 2013: 24 (1): 45 - 60.

De Souza, G. & Klein, H. J. Emergent Leadership in the Group Goal-setting Process. *Small Group Research*, 1995, 26 (4): 475 - 496.

De Stobbeleir, K. E., Ashford, S. J. & Buyens D. Self-regulation of Creativity at Work: The Role of Feedback-seeking Behavior in Creative Performance. *Academy of Management Journal*, 2011, 54 (4): 811 - 831.

Deci, E. L. & Ryan, R. M. The Empirical Exploration of Intrinsic Motivational Processes. *Advances in Experimental Social Psychology*, 1980, 13 (2): 39 - 80.

Deci, E. L. & Ryan, R. M. *Handbook of Self-determination Research*. Rochester, NY: University of Rochester Press, 2002.

Dennis, R. S. & Bocarnea, M. Development of Servant Leadership Assessment Instrument. *Leadership and Organization Development Journal*, 2005 (7/8): 600 - 615.

Diamond, J. B. Cultivating High Expectations in an Urban Elementary School: The Case of Kelly School. In J. P. Spillane & J. B. Diamond

(Ed.), *Distributed leadership in Practice*. New York, NY: Teachers College Press, 2007: 63 - 84.

D'Intino, R. S., Goldsby, M. G., Houghton, J. D. & Neck, C. P. Self-Leadership: A Process for Entrepreneurial Success. *Journal of Leadership and Organizational Studies*, 2007, 13 (4): 105 - 120.

Dobbins, G. H., Long, W. S., Dedrick, E. J. & Clemons, T. C. The Role of Self-monitoring and Gender on Leader Emergence: A Laboratory and Field Study. *Journal of Management*, 1990, 16 (3): 609 - 618.

Drach-Zahavy, A., Somech, A., Granot, M., et al. Can We Win Them All? Benefits and Costs of Structured and Flexible Innovation-implementations. *Journal of Organizational Behavior*, 2004, 25 (2): 217 - 234.

Druskat, V. U. & Kayes, D. C. The Antecedents of Team Competence: Toward a Fine-grained Model of Self-managing Team Effectiveness. In R. Wageman (Ed.), *Research on Managing Groups and Teams: Context*. Stamford, CT: JAI Press, 1999, 2: 201 - 231.

Druskat, V. U. & Pescosolido, A. T. Leading Self-managing Teams from the Inside: Informal Leader Behavior and Team Effectiveness. Submitted for publication, 2001.

Druskat, V. U. & Wheeler, J. V. Managing from the Boundary: The Effective Leadership of Self-managing Work Teams. *Academy of Management Journal*, 2003, 46 (4): 435 - 457.

Druskat, V. U. & Wolff, S. B. Group Emotional Competence and its Influence on Group Effectiveness. In C. Cherniss & D. Goleman (Ed.), *Emotional Competence in Organizations*. San Francisco,

CA: Jossey-Bass, 2001: 132 -155.

Edmondson, A. C. Psychological Safety and Learning Behavior in Work Teams. *Administrative Science Quarterly*, 1999, 44 (2): 350 -383.

Edmondson, A. C. Learning from Mistakes is Easier Said than Done. *Journal of Applied Behavioral Science*, 2004, 40 (1): 66 -90.

Edmondson, A. C., Bohmer, R. M. & Pisano, G. P. Disrupted Routines: Team Learning and New Technology Implementation in Hospitals. *Administrative Science Quarterly*, 2001, 46 (4): 685 -716.

Edmondson, A. C. & Moingeon, B. From Organizational Learning to the Learning Organization. *Management Learning*, 1998, 29 (1): 499 - 517.

Edwards, J. R., & Lambert, L. S. Methods for Integrating Moderation and Mediation: A General Analytical Framework Using Moderated Path Analysis. *Psychological Methods*, 2007, 12 (1): 1 -22.

Eisenhardt, K. M. Making Fast Strategic Decisions in High-velocity Environment. *Academy of Management Journal*, (1997), 32 (3): 543 -576.

Eisenhardt, K. M., Kahwajy, J. L. & Bourgeois, L. J. Conflict and Strategic Choice: How Top Management Teams Disagree. *California Management Review*, 1997, 39 (2): 42 -62.

Ellis, R. J. Self-monitoring and Leadership Emergence in Groups. *Personality and Social Psychology Bulletin*, 1988, 14 (4), 681 -693.

Ellis, R. J., Adamson, R. S., Deszca, G. & Cawsey, T. F. Self-monitoring and Leadership Emergence. *Small Group Behavior*, 1988, 19 (3): 312 -324.

Ellis, A., Hollenbeck, J. R., Ilgen, D. R., Porter, C. O. West, B. &

Moon, H. Team Learning: Collectively Connecting the Dots. *Journal of Applied Psychology*, 2003, 88 (5): 821 -835.

Ensley, M. D. , Hmieleski, K. M. & Pearce, C. L. The Importance of Vertical and Shared Leadership within New Venture Top Management Teams: Implications for the Performance of Startups. *Leadership Quarterly*, 2006, 17 (3): 217 -231.

Erez, M. , Earley, P. C. & Hulin, C. L. The Impact of Participation on Goal Acceptance and Performance: A Two-step Model. *Academy of Management Journal*, 1985, 28 (1): 50 -66.

Faraj, S. & Sproull, L. Coordinating Expertise in Software Development Team. *Management Science*, 2000, 46 (12): 1554 - 1515.

Farh, J. L. , Hackett, R. D. , & Liang, J. Individual-level Cultural Values as Moderators of Perceived Organizational Support-employee Outcome Relationships in China: Comparing the Effects of Power Distance and Traditionality. *Academy of Management Journal*, 2007, 50 (3): 715 - 729.

Farmer, S. M. , Tierney, P. & Kung-Mcintyre, K. Employee Creativity in Taiwan: An Application of Role Identity. *Academy of Management Journal*, 2003, 46 (5): 618 -630.

Fiedler, F. E. *A Theory of Leadership Effectiveness.* New York, NY: McGraw-Hill, 1967.

Fiedler, F. E. Validation and Extension of the Contingency Model of Leadership Effectiveness: A Review of Empirical Finding. *Psychological Bulletin*, 1971, 76 (2): 128 -148.

Fiedler, F. E. & Garica, J. E. *New Approaches to Effective Leadership.* New York: Wiley, 1987.

Fiol, M. C. & Lyles, M. A. Organizational Learning. *Academy of Management Review*, 1985, 10 (4): 803 -813.

Fletcher, J. K. The Paradox of Postheroic Leadership: An Essay on Gender, Power, and Transformational Change. *Leadership Quarterly*, 2004, 15 (5): 647 -661.

Fletcher, J. K. & Käufer, K. Shared Leadership: Paradox and Possibility. In C. Pearce & J. Conger (Ed.), *Shared Leadership: Reframing the Hows and Whys of Leadership*. London, U. K.: Sage, 2003: 21 -47.

Follett, M. P. *Creative Experience*. New York, NY: Longmans Green, 1924.

Friedrich, T. L., Vessey, W. B., Schuelke, M. J. et al. A Framework for Understanding Collective Leadership: The Selective Utilization of Leader and Team Expertise within Networks. *Leadership Quarterly*, 2009, 20 (6): 933 -958.

Fredrickson, B. L. What Good are Positive Emotions? *Review of General Psychology*, 1998, 2 (3): 300 -319.

French, J. & Raven, B. H. The Bases of Social Power. In D. Cartwright (Ed.), *Studies of Social Power*. Ann Arbor, MI: Institute for Social Research, 1959.

Garland, H. & Beard, J. F. Relationship between Self-monitoring and Leader Emergence across two Task Situations. *Journal of Applied Psychology*, 1979, 64 (1): 72 -76.

Gastil, J. A Definition and Illustration of Democratic Leadership. *Human Relations*, 1994, 47 (8): 953 -975.

Gebert, D., Boerner, S. & Kearney, E. Fostering Team Innovation: Why Is It Important to Combine Opposing Action Strategies. *Organization*

Science, 2010, 21 (3): 593 -608.

Gibb, C. A. Leadership. In G. Lindzey (Ed.), *Handbook of social psychology*. Reading, MA: Addison-Wesley, 1954: 877 -917.

Gibson, C. B. & Birkinshaw, J. The Antecedents, Consequences, and Mediating Role of Organizational Ambidexterity. *Academy of Management Journal*, 2004, 47 (2): 209 -226.

Gibson, C. B. & Vermeulen, F. A Healthy Divide: Subgroups as a Stimulus for Team Learning Behavior. *Administrative Science Quarterly*, 2003, 48 (2): 202 -239.

Goktepe, J. R. & Schneier, C. E. Role of Sex, Gender Roles, and Attraction in Predicting Emergent Leaders. *Journal of Applied Psychology*, 1989, 74 (1), 165 - 167.

Gordon, R. D. Conceptualizing Leadership with Respect to its Historical-Contextual Antecedents to Power. *Leadership Quarterly*, 2002, 13 (2): 151 -167.

Graen, G. B. & Scandura, T. A. Toward a Psychology of Dyadic Organizing. In L. L. Cummings & B. M. Staw (Ed.), *Research in Organizational Behavior*. Greenwich, CT: JAI Press, 1987, 9: 175 -208.

Granovetter, M. Economic Action and Social Structure: The Problem of Embeddedness. *American Journal of Sociology*, 1985, 91 (3): 481 -510.

Gastil, J. A Definition and Illustration of Democratic Leadership. Human Relations, 1994, 47 (8): 953 -975.

Gregory, M. Developing Effective College Leadership for the Management of Educational Change. *Leadership & Organization Development Journal*, 1996, 17 (4): 46 -51.

Gronn, P. Distributed Leadership as a Unit of Analysis. *Leadership Quarterly*, 2002, 13 (4): 423 -451.

Gu, J. & Xie, F. Research on the Top Management Team Behavioral Integration, Strategic Decision Speed and Firm Performance towards Time - Based Competition. *International Conference on Information Management, Innovation Management and Industrial Engineering*, 2009: 67 -70.

Hackman, J. R. Group Influences on Individuals in Organizations. In M. D. Dunnette & L. M. Hough (Ed.), *Handbook of Industrial Organizational Psychology*. Palo Alto, CA: Consulting Psychologists Press, 1992, 3: 199 -267.

Hackman, J. R. *Leading Teams: Setting the Stage for Great Performances*. Boston, MA: Harvard Business School Press, 2002.

Hackman, J. R. & Lawler, E. E. Employee Reactions to Job Characteristics. *Journal of Applied Psychology*, 1971, 55 (3): 259 -286.

Hackman, J. R. & Oldham, G. R. *The Job Diagnostic Survey: An Instrument for the Diagnosis of Jobs and the Evaluation of Job Redesign Projects* (Report No. 4). New Haven, CT: Yale University, Department of Administration Science, 1974.

Hackman, J. R. & Oldham, G. R. Development of Job Diagnostic Survey. *Journal of Applied Psychology*, 1975, 60 (2): 159 -170.

Hackman, J. R. & Oldham, G. R. Motivation through the Design of Work: Test of a Theory. *Organizational behavior and human performance*, 1976, 16 (2): 250 - 279.

Hall, R. J., Workman, J. D. & Marchioro, C. A. Sex, Task, and Behavioral Flexibility Effects on Leadership Perceptions. *Organizational*

Behavior and Human Decision Processes, 1998, 74 (1): 1-32.

Hambrick, D. C. Top Management Groups: A Conceptual Integration and Reconsideration of the "Team" Label. In B. M. S. L. L. Cummings (Ed.), *Research in Organizational Behavior*, 1994, 16: 171-213.

Hambrick, D. C. Corporate Coherence and the Top Management Team. *Strategy and Leadership*, 1997, 5 (1): 24-29.

Hambrick, D. C., Cho, T. S. & Chen, M. J. The Influence of Top Management Team on Firms' Competitive Moves. *Administrative Science Quarterly*, 1996, 41 (4): 659-684.

Hambrick, D. C. Corporate Coherence and the Top Management Team. In D. C. Hambrick, D. A. Nadler & M. L. Tushman (Ed.), *Navigating Change: How CEOs, Top Teams, and Boards Steer Transformation*. Boston, MA: Harvard Business School Press, 1998: 123-140.

Hambrick, D. C. & Mason, P. A. Upper Echelons: The Organization as a Reflection of Its Top Managers. *Academy of Management Review*, 1984, 9 (2): 193-206.

Hannah, S. T., Avolio, B. J., Luthans, F. & Harms, P. D. Leadership Efficacy: Review and Future Directions. *Leadership Quarterly*, 2008, 19 (6): 669-692.

Hannah, S., Uhl-Bien, M., Avolio, B. & Cavarretta, F. A Framework for Examining Leadership in Extreme Contexts. *Leadership Quarterly*, 2009, 20 (6): 897-919.

He, Z. L. & Wong, P. K. Exploration vs. Exploitation: An Empirical Test of the Ambidexterity Hypothesis. *Organization Science*, 2004, 15 (4): 481-494.

Heckscher, C. *The Post-bureaucratic Organization.* Thousand Oaks, CA: Sage Publications, 1994.

Heifetz, R., Grashow, A. & Linsky, M. *The Practice of Adaptive Leadership: Tools and Tactics for Changing Your Organization and the World.* Cambridge, MA: Harvard Business Press, 2009.

Hiller, N. J, Day D. V. & Vance, R. J. Collective Enactment of Leadership Roles and Team Effectiveness: A Field Study. *Leadership Quarterly*, 2006, 17 (4): 387 -397.

Hirak, R., Peng, A. C., Carmeli, A. & Schaubroeck, J. M. Linking Leader Inclusiveness to Work Unit Performance: The Importance of Psychological Safety and Learning from Failures. *Leadership Quarterly*, 2012, 23 (1): 107 -117.

Hmieleski, K. M. & Ensley, M. D. A Contextual Examination of New Venture Performance: Entrepreneur Leadership Behavior, Top Management Team Heterogeneity, and Environmental Dynamism. *Journal of Organizational Behavior*, 2007, 28 (7): 865 -889.

Hofstede, G. Cultural Dimensions in Management and Planning. *Asia Pacific Journal of Management*, 1984, 1 (1): 81 -99.

Hofstede, G. *Cultures and Organizations: Software of the Mind.* London: McGraw-Hill, 1991.

Hofstede, G. & Hofstede, G. J. *Cultures and Organizations: Software of the mind* (2nd Ed.). New York, NY: McGraw-Hill, 2005.

Hofstede, G. J. & Minkov, M. *Cultures and Organizations.* London: McGraw-Hill, 1991.

Hollander, E. P. Emergent Leadership and Social Influence. In L. Petrullo & B. M. Bass (Ed.), *Leadership and Interpersonal Behavior.* New

York, NY: Holt, Rinehart & Winston, 1961: 30 – 47.

Hollander, E. P. & Julian, J. W. Contemporary Trends in the Analyses of Leadership Processes. *Psychological Bulletin*, 1969, 71 (5): 387 – 397.

Hollenbeck, J. R., Beersma, B. & Schouten, M. E. Beyond Team Types and Taxonomies: A Dimensional Scaling Conceptualization for Team Description. *Academy of Management Review*, 2012, 37 (1): 82 – 106.

House, R. J. & Aditya, R. N. The Social Scientific Study of Leadership: Quo Vadis? *Journal of Management*, 1997, 23 (3): 409 – 473.

House, R., Javidan M., Hanges, P. & Dorfman, P. Understanding Cultures and Implicit Leadership Theories across the Globe: An Introduction to Project GLOBE. *Journal of World Business*, 2002, 37 (1): 3 – 10.

Howell, J. P., Dorfman, P. W. & Kerr, S. Moderator Variables in Leadership Research. *Academy of Management Review*, 1986, 11 (1): 88 – 102.

Howell, J. M. Two Faces of Charisma: Socialized and Personalized Leadership in Organizations. In J. A. Conger & R. N. Kanungo (Ed.), *Charismatic Leadership: The Elusive Factor in Organizational Effectiveness*. San Francisco, CA: Jossey-Bass, 1988: 213 – 236.

Hu, J. & Liden, R. C. Antecedents of Team Potency and Team Effectiveness: An Examination of Goal and Process Clarity and Servant Leadership. *Journal of Applied Psychology*, 2011, 96 (4): 851 – 862.

Huang, X., Shi, K., Zhang, Z. & Cheung, Y. L. The Impact of Participative Leadership Behavior on Psychological Empowerment and Organizational Commitment in Chinese State-owned Enterprises. *Asia*

Pacific Journal of Management, 2006, 23 (3): 345 -367.

Hughes, R. L. , Ginnett, R. C. & Curphy, G. J. *Leadership: Enhancing the Lessons of Experience*. Homewood, IL: Irwin, 2004.

Hulpia, H. , Devos, G. & Keer, H. V. 2010. The Influence of Distributed Leadership on Teachers' Organizational Commitment: A Multilevel Approach. *Journal of Educational Research*, 103 (1): 40 -52.

Idaszak, J. R. & Drasgow, F. A Revision of the Job Diagnostic Survey: Elimination of a Measurement Artifact. *Journal of Applied Psychology*, 1987, 72 (1): 69 -74.

Ishikawa, J. Transformational Leadership and Gatekeeping Leadership: The Roles of Norm for Maintaining Consensus and Shared Leadership in Team Performance. *Asia Pacific Journal of Management*, 2012, 29 (2): 265 -283.

James, K. T. , Mann, J. & Creasy, J. Leaders as Lead Learners: A Case Example of Facilitating Collaborative Leadership Learning for School Leaders. *Management Learning*, 2007, 38 (1): 79 -94.

James, L. R. Aggregation Bias in Estimates of Perceptual Agreement. *Journal of Applied Psychology*, 1982, 67 (2): 219 -229.

James, L. R. , Demaree, R. G. & Wolf, G. Estimating Within-group Interrater Reliability with and without Response Bias. *Journal of Applied Psychology*, 1984, 69 (1): 85 -98.

James, L. R. , Demaree, R. G. & Wolf, G. Rwg: An Assessment of Within-group Interrater agreement. *Journal of Applied Psychology*, 1993, 78 (2): 306 -309.

Joo, B. K. & Lim, T. The Effects of Organizational Learning Culture, Perceived Job Complexity, and Proactive Personality on Organizational Commitment and Intrinsic Motivation. *Journal of Leadership & Organizational Studies*, 2009, 16 (1): 48 - 60.

Judge, T. A., Bono, J. E., Ilies, R. & Gerhardt, M. W. Personality and Leadership: A Qualitative and Quantitative Review. *Journal of Applied Psychology*, 2002, 87 (4): 765 - 780.

Kahai, S. S., Sosik, J. J. & Avolio, B. J. Effects of Participative and Directive Leadership in Electronic Groups. *Group Organization Management*, 2004, 29 (1), 67 - 105.

Katz, D. & Kahn, R. L. *The Social Psychology of Organizations* (2nd ed.). New York, NY: Wiley, 1978.

Katzenbach, J. R. & Smith, D. K. *The Discipline of Teams*. Boston, MA: Harvard Business Press, 1993, 111 - 120.

Kemper, T. D. *A Social Interactional Theory of Emotions*. New York, NY: Wiley, 1978.

Kenny, D. A. & Zaccaro, S. J. An Estimate of Variance due to Traits in Leadership. *Journal of Applied Psychology*, 1983, 68 (4): 678 - 685.

Keyes, M. W., Hanley-Maxwell, C. & Capper, C. A. "Spirituality? It's the Core of my Leadership": Empowering Leadership in an Inclusive Elementary School. *Educational Administration Quarterly*, 1999, 35 (2): 203 - 237.

Kickul, J. & Neuman, G. Emergent Leadership Behaviors: The Function of Personality and Cognitive Ability in Determining Teamwork Performance and KSAs. *Journal of Business and Psychology*, 2000, 15 (1): 27 - 51.

Kim, D. H. The Link between Individual Learning to Organizational Learning. *Sloan Management Review*, 1993, 35 (1): 37 - 50.

Kim, W. & Mauborgne, R. Procedural Justice and Managers In-role and Extra-role Behavior: The Case of the Multinational. *Management Science*, 1996, 42 (4): 499 -515.

Kirkman, B. L., Chen, G., Farh, J., Chen, Z. X. & Lowe, K. B. Individual Power Distance Orientation and Follower Reactions to Transformational Leaders: A Cross-level, Cross-cultural Examination. *Academy of Management Journal*, 2009, 52 (4): 744 -764.

Kirkman, B. L. & Rosen, B. Beyond Self-management: Antecedents and Consequences of Team Empowerment. *Academy of Management Journal*, 1999, 42 (1): 58 -74.

Klein, K. J., Ziegert, J. C., Knight, A. P. & Xiao, Y. Dynamic Delegation: Shared, Hierarchical, and Deindividualized Leadership in Extreme Action Teams. *Administrative Science Quarterly*, 2006, 51 (4): 590 -621.

Konrad, E. Implicit Leadership Theories in Eastern and Western Europe. *Social Science Information*, 2000, 39 (2): 335 -347.

Koopman, P. L. & Wierdsman, A. F. M. Participative Management. In P. J. D. Doentu, H. Thierry & C. J. de-Wolf (Ed.), *Personnel Psychology: Handbook of Work and Organizational Psychology*. Hove, U. K.: Psychology Press/Erlbaum, 1998: 297 -324.

Kozlowski, S. W. J. & Bell, B. S. Work Groups and Teams in Organizations. In W. C. Borman, D. R. Ilgen & R. J. Klimoski (Ed.), *Handbook of psychology: Industrial and organizational psychology*. London, U. K.: Wiley, 2003, 12: 333 -375.

Kozlowski, S. W. J. Gully, S. M., Salas, E. & Cannon-Bowers, J. A. Team Leadership and Development: Theory Principles, and Guidelines for

Training Leaders and Team. In M. Beyerlein, D. Johnson & S. Beyerlein (Ed.), *Advances in Interdisciplinary Studies of Work Teams: Team Leadership*. Greenwich, CT: JAI Press, 1996, 3: 251 -289.

Kozlowski, S. W. J. & Klein, K. J. A Multilevel Approach to Theory and Research in Organizations: Contextual, Temporal, and Emergent Processes. In K. J. Klein & S. W. J. Kozlowski (Ed.), *Multilevel Theory, Research, and Methods in Organizations: Foundations, Extensions, and New Directions*. San Francisco, CA: Jossey-Bass, 2000: 3 -90.

Kuhl, S., Schnelle, T. & Tillmann, F. J. Lateral Leadership: An Organizational Approach to Change. *Journal of Change Management*, 2005, 5 (2), 177 -190.

Kvalseth, T. O. Quantitative Measures of Job Variety: An Experimental Study based on a Psychophysical Scaling Technique. *International Journal of Product Research*, 1980, 18 (4): 441 -454.

Lam, S. S., Chen, X. P. & Schaubroeck, J. Participative Decision Making and Employee Performance in Different Cultures: The Moderating Effects of Allocentrism/Idiocentrism and Efficacy. *Academy of Management Journal*, 2002, 45 (5): 905 -914.

Lambert, L. A Framework for Shared Leadership. *Educational Leadership*, 2002, 59 (1): 37 -40.

Lankau, M. J. & Scandura, T. A. An Investigation of Personal Learning in Mentoring Relationships: Content, Antecedents, and Consequences. *Academy of Management Journal*, 2002, 45 (4): 779 -790.

Lankau, M. J. & Scandura, T. A. Mentoring as a Forum for Personal

Learning. In B. R. Ragins & K. E. Kram (Ed.), *The Handbook of Mentoring at Work: Theory, Research, and Practice.* Thousand Oaks, CA: Sage Publications, 2007: 95 - 122.

Larson, J. R., Christensen, C., Franz, T. M. & Abbott, A. S. Diagnosing Groups: The Pooling, Management, and Impact of Shared and Unshared Case Information in Team-based Medical Decision Making. *Journal of Personality and Social Psychology*, 1998, 75 (1): 93 - 108.

Lau, D. C. & Murnighan, J. K. Interactions within Groups and Subgroups: The Effects of Demographic Faultlines. *Academy of Management Journal*, 2005, 48 (4): 645 - 659.

Lee, C., Pillutla, M. & Law, K. S. Power-distance, Gender and Organizational justice. *Journal of Management*, 2000, 26 (4): 685 - 704.

Li, J. & Hambrick, D. C. Factional Groups: A New Vantage on Demographic Faultines, Conflict, and Disintegration in Work Teams. *Academy of Management Journal*, 2005, 48 (5): 794 - 813.

Li, H. & Zhang, Y. Founding Team Comprehension and Behavioral Integration Evidence from New Technology Ventures in China. *Academy of Management Best Paper Proceedings*, 2002.

Li, Y., Chun, H., Ashkanasy, N. M. & Ahlstrom, D. A Multi-level Study of Emergent Group Leadership: Effects of Emotional Stability and Group Conflict. *Asia Pacific Journal of Management*, 2012, 29 (2): 351 - 366.

Ling, Y., Simsek, Z., Lubatkin, M. H. & Veiga, J. F. Transformational Leadership's Role in Promoting Corporate Entrepreneurship: Examining the CEO-TMT Interface. *Academy of Management Journal*,

2008, 51 (3): 557 – 576.

Liu, D. & Fu, P. Motivating Protégés' Personal Learning in Teams: A Multilevel Investigation of Autonomy Support and Autonomy Orientation. *Journal of Applied Psychology*, 2011, 96 (6): 1195 – 1208.

Liu, Y. *History of Ancient Management Philosophies in China.* Xian: Shaanxi People Press, 1997.

Liu, D. , Chen, X. P. & Yao, X. From Autonomy to Creativity: A Multilevel Investigation of the Mediating Role of Harmonious Passion. *Journal of Applied Psychology*, 2011, 96 (2): 294 – 309.

Liu, S. , Hu, J. , Li, Y. , Wang, Z. & Lin, X. Examining the Cross-level Relationship between Shared Leadership and Learning in Teams: Evidence from China. *Leadership Quarterly*, 2014, 25 (2): 282 – 295.

Locke, E. A. , Leadership: Starting at the Top. In C. L. Pearce & J. A. Conger (Eds.), *Shared leadership: Reframing the Hows and Whys of Leadership*. Thousand Oaks, CA: Sage, 2003: 271 – 284.

Locke, E. A. , Frederick, E. & Cynthia, L. Effects of Self-efficacy, Goals, and Task Strategies on Task Performance. *Journal of Applied Psychology*, 1984, 69 (2): 241 – 251.

Locke, E. A. & Latham, G. P. *A Theory of Goal Setting and Task Performance*. Englewood Cliffs, NJ: Prentice-Hall, 1990.

Lord, R. G. Functional Leadership Behavior: Measurement and Relation to Social Power and Leadership Perceptions. *Administrative Science Quarterly*, 1977, 22 (1), 114 – 133.

Lowe, K. B. , Kroeck, K. G. , & Sivasubramaniam, N. Effectiveness Correlates of Transformational and Transactional Leadership: A Meta-Analytic Review of the MLQ Literature. *Leadership Quarterly*, 1996, 7 (3): 385 -425.

Lubatkin, M. H., Simsek, Z., Ling, Y. & Veiga, J. F. Ambidexterity and Performance in Small-to Medium-Sized Firms: The Pivotal Role of Top Management Team Behavioral Integration. *Journal of Management*, 2006, 32 (5): 646 -672.

Luft, J. *Group Processes: An Introduction to Group Dynamics* (3rd ed.). Palo Alto, CA: Mayfield, 1984.

Luria, G. & Berson Y. How do Leadership Motives Affect Informal and Formal Leadership Emergence? *Journal of Organizational Behavior*, 2013, 34 (7): 995 -1015.

Maccoby, M. & Heckscher, C. A Note on Leadership for Collaborative Communities. In C. Heckscher & P. S. Adler (Ed.), *The Firm as a Collaborative Community*. Oxford, U. K.: University Press, 2006.

Maccoby, E. E. & Jacklin, C. N. Sex Differences in Aggression: A Rejoinder and Reprise. *Child Development*, 1980, 51 (4): 964 -980.

MacKinnon, D. P., Lockwood, C. M., Hoffman, J. M., West, S. G. & Sheets, V. A Comparison of Methods to Test Mediation and Other Intervening Variable Effects. *Psychological Methods*, 2002, 7 (1): 83 -104.

Madjar, N. The Contributions of Different Groups of Individuals to Employees' Creativity. *Advances in Developing Human Resources*, 2005, 7 (2): 182 -206.

Madjar, N., Oldham, G. R. & Pratt, M. G. There's No Place Like Home? The Contributions of Work and Non-work Creativity Support to Employee's Creative Performance. *Academy of Management Jour-*

nal, 2002, 45 (4): 757 -767.

Manz, C. C. Self-leadership: Toward and Expanded Theory of Self-influence Processes in Organizations. *Academy of Management Review*, 1986, 11 (3): 585 -600.

Manz, C. C. & Sims, H. P. Leading Workers to Lead Themselves: The External Leadership of Self-Managing Work Teams. *Administrative Science Quarterly*, 1987, 32 (1): 106 -128.

Manz, C. C. & Sims, H. P. *Superleadership: Leading Others to Lead Themselves.* Englewood Cliffs, NJ: Prentice-Hall, 1989.

Manz, C. C. & Sims, H. P. Superleadership: Beyond the Myth of Heroic Leadership. *Organizational Dynamics*, 1991, 19 (1): 18 -35.

March, J. G. Exploration and Exploitation in Organizational Learning. *Organization Science*, 1991, 2 (1): 71 -87.

Mathieu, J. E. & Taylor, S. R. A Framework for Testing Meso-mediational Relationships in Organizational Behavior. *Journal of Organizational Behavior*, 2007, 28 (2): 141 -172.

May, D. R. , Gilson, R. L. & Harter, L. M. The Psychological Conditions of Meaningfulness, Safety and Availability and the Engagement of the Human Spirit at Work. *Journal Occupational and Organizational Psychology*, 2004, 77 (1): 11 -37.

Mayer, J. , Caruso, D. & Salovey, P. Emotional Intelligence Meets Traditional Standards for an Intelligence. *Intelligence*, 2000, 27 (4): 267 -298.

Mayer, J. D. , DiPaolo, M. & Salovey, P. Perceiving Affective Content in Ambiguous Visual Stimuli: A Component of Emotional Intelligence. *Journal of Personality Assessment*, 1990, 54 (3/4): 772 -

781.

Mayo, M. , Meindl, J. R. & Pastor, J. C. Shared Leadership in Work Teams: A Social Network Approach. In C. L. Pearce & J. A. Conger (Ed.), *Shared Leadership: Reframing the Hows and Whys of Leadership.* Thousand Oaks, C. A. : Sage, 2003: 193 -214.

McCauley, C. D. , Palus, C. J. , Drath, W. H. , et al. *Interdependent Leadership in Organizations: Evidence from Six Case Studies.* Greensboro, NC: Center for Creative Leadership, 2008.

McClelland, D. C. *Power: The Inner Experience.* New York, NY: Irvington, 1975.

McClelland, D. C. *Motives, Personality, and Society: Selected Papers.* New York, N. Y. : Praeger Publishers, 1984.

McClelland, D. C. & Boyatzis, R. E. Leadership Motive Pattern and Long-term Success in Management. *Journal of Applied Psychology*, 1982, 67 (6): 737 -743.

McClelland, D. C. & Burnham, D. H. Power is the Great Motivator. *Harvard Business Review*, 2003, 81 (1), 117 -126.

McCormick, M. J. , Tanguma, J. & Lopex-Forment, A. S. Extending Self-efficacy Theory to Leadership: A Review and Empirical Test. *Journal of Leadership Education*, 2002, 1 (1): 34 -49.

McDonough, E. , Kahn, K. & Barczak, G. An Investigation of the Use of Global, Virtual, and Collocated New Product Development Teams. *Journal of Product Innovation Management*, 2001, 18 (2), 110 -120.

McGregor, D. *The Human Side of Enterprise.* New York, NY: McGraw-Hill, 1960.

Mehra, A., Smith, B. R., Dixon, A. L. & Robertson B. Distributed Leadership in Teams: The Network of Leadership Perceptions and Team Performance. *Leadership Quarterly*, 2006, 17 (3): 232–245.

Meindl, J., Ehrlich, S. B. & Dukerich, J. M. The Romance of Leadership. *Administrative Science Quarterly*, 1985, 30 (1): 78–102.

Méndez, M. J. *A Closer Look into Collective Leadership: Is Leadership Shared or Distributed?* Unpublished Doctoral Dissertation, New Mexico State University, 2009.

Mento, A. J., Locke, E. A. & Klein, H. J. Relationship of Goal Level to Valence and Instrumentality. *Journal of Applied Psychology*, 1992, 77 (4): 395–405.

Miller, D. & Toulouse, J. M. Chief Executive Personality and Corporate Strategy and Structure in Small Firms. *Management Science*, 1986, 32 (11): 1389–1409.

Mintzberg, H. Managing Quietly. *Leader to Leader*, 1999, 12 (Spring): 24–30.

Mooney, A. C. & Sonnenfeld, J. Exploring Antecedents to Conflict during Strategic Decision Making: The Importance of Behavioral Integration. *Academy of Management Proceedings*, 2001.

Morgeson, F. P., DeRue, D. S. & Karam, E. Leadership in Teams: A Functional Approach to Understanding Leadership Structures and Processes. *Journal of Management*, 2010, 36 (5): 5–39.

Morgeson, F. P. & Hofmann, D. A. The Structure and Function of Collective Constructs: Implications for Multilevel Research and Theory Development. *Academy of Management Review*, 1999, 24 (2): 249–265.

Moss, S. E. & Kent, R. L. Gender and Gender-role Categorization of Emergent Leaders: A Critical Review and Comprehensive Analysis. *Sex Roles*, 1996, 35 (1): 79 - 96.

Muczyk, J. P. & Reiman, B. C. The Case for Directive Leadership. In J. W. Newstorm & K. Davis (Ed.), *Organizational Behavior*. New York: McGraw-Hill, 1989: 343 - 360.

Muthén, L. K. & Muthén, B. O. *Mplus User's Guide* (7th ed.). Los Angeles, CA: Muthén & Muthén, 2012.

Nasierowski, W. & Mikula, B. Culture Dimensions of Polish Managers: Hofstede's indices. *Organization Studies*, 1998, 19 (3): 495 - 509.

Nembhard, I. M., & Edmondson, A. C. Making it Safe: The Effects of Leader Inclusiveness and Professional Status on Psychological Safety and Improvement Efforts in Health Care Teams. *Journal of Organizational Behavior*, 2006, 27: 941 - 966.

Neubert, M. J. Too Much of a Good Thing or the More the Merrier? Exploring the Dispersion and Gender Composition of Informal Leadership in Intact Manufacturing Teams. *Small Group Research*, 1999, 30 (5): 635 - 646.

Neubert, M. J. & Taggar, S. Pathways to Informal Leadership: The Moderating Role of Gender on the Relationship of Individual Differences and Team Member Network Centrality to Informal Leadership Emergence. *Leadership Quarterly*, 2004, 15 (2): 175 - 194.

Nevicka B., Annebel H. B. et al. All I Need is a Stage to Shine: Narcissists' Leader Emergence and Performance. *Leadership Quarterly*, 2011, 22 (5), 910 - 925.

Ng, K., Ang, S. & Chan, K. Personality and Leader Effectiveness: A

Moderated Mediation Model of Leadership Self-efficacy, Job Demands, and Job Autonomy. *Journal of Applied Psychology*, 2008, 93 (4): 733 – 743.

Olivera, F. & Straus, S. G. Group-to-individual Transfer of Learning. *Small Group Research*, 2004, 35 (4): 440 – 465.

Oldham, G. R. & Cummings A. Employee Creativity: Personal and Contextual Factors at Work. *Academy of Management Journal*, 1996, 39 (3): 607 – 634.

O'Reilly, C. A., Chatman, J. & Caldwell, D. F. People and Organizational Culture: A Profile Comparison Approach to Assessing Person-Organization Fit. *Academy of Management Journal*, 1991, 34 (3): 487 – 516.

O'Reilly, C. A., Snyder, R. C. & Boothe, J. N. Effects of Executive Team Demography on Organizational Change. In G. P. Huber & W. H. Glick (Ed.), Organizational Change and Redesign: Ideas for Insights for Improving Performance. New York, NY: Oxford University Press, 1993: 147 – 175.

Pearce, C. L. The Future of Leadership: Combining Vertical and Shared Leadership to Transform Knowledge Work. *Academy of Management Executive*, 2004, 18 (1): 47 – 57.

Pearce, C. L. & Conger, J. A. *Shared Leadership: Reframing the Hows and Whys of Leadership*. Thousand Oaks, CA: Sage, 2003a.

Pearce, C. L. & Conger, J. A. All Those Year Ago: The Historical Underpinnings of Shared Leadership. In C. L. Pearce & J. A. Conger (Ed.), *Shared Leadership: Reframing the Hows and Whys of Leadership*. Thousand Oaks, CA: Sage, 2003b: 1 – 18.

Pearce, C. L. & Manz, C. C. The New Silver Bullets of Leader-

ship. Organizational Dynamics, 2005, 34 (2): 130 – 140.

Pearce, C. L. & Manz, C. C. Is Shared Leadership the Key to Team Success? *Organizational Dynamics*, 2009, 38 (3): 234 – 238.

Pearce, C. L., Manz, C. C. & Sims H. P. The Roles of Vertical and Shared Leadership in the Enactment of Executive Corruption: Implications for Research and Practice. *Leadership Quarterly*, 2008, 19 (3): 353 – 359.

Pearce, C. L. & Sims, H. P. Vertical versus Shared Leadership as Predictors of the Effectiveness of Change Management Teams: An Examination of Aversive, Directive, Transactional, Transformational and Empowering Leader Behaviors. *Group Dynamics: Theory, Research, and Practice*, 2002, 6 (2): 172 – 197.

Pearce, C. L., Sims, H. P. & Cox, J. F., et al. Transactor, Transformers and Beyond: A Multi-method Development of a Theoretical Typology of Leadership. *Journal of Management Development*, 2003, 22 (4): 273 – 307.

Pearce, C. L., Yoo, Y. & Alavi, M. Leadership, Social Work and Virtual Teams: The Relative Influence of Vertical vs. Shared Leadership in the Nonprofit Sector. In R. E. Riggio & S. Smith (Ed.), *Improving Leadership in Nonprofit Organizations*. San Francisco, CA: Jossey-Bass, 2004: 180 – 203.

Pelz, D. & Andrews, F. M. *Scientists in Organizations: Productive Climates for Research and Development*. New York, NY: Wiley, 1966.

Pescosolido, A. T. Informal Leaders and the Development of Group Efficacy. *Small Group Research*, 2001, 32 (1): 74 – 93.

Pescosolido, A. T. Emergent Leaders as Managers of Group Emo-

tion. Leadership Quarterly, 2002, 13 (5): 583 -599.

Peters, T. J. & Waterman, R. H. *In Search of Excellence: Lessons from America's Best-run Companies.* New York, NY: Harper & Row, 1982.

Peterson, S. J., Balthazard, P. A. & Waldman, D. A. Neuroscientific Implications of Psychological Capital: Are the Brains of Optimistic, Hopeful, Confident, and Resilient Leaders Different? *Organizational Dynamics*, 2008, 37 (4): 342 -353.

Pettigrew, A. M. & Fenton, E. M. *The Innovating Organization.* London: Sage, 2000.

Pitcher, P. & Smith, A. D. Top Management Team Heterogeneity: Personality, Power, and Proxies. *Organization Science*, 2001, 12 (1): 1 -18.

Podsakoff, P. M., MacKenzie, S. B., Lee, J. Y. & Podsakoff, N. P. Common Method Biases in Behavioral Research: A Critical Review of the Literature and Recommended Remedies. *Journal of Applied Psychology*, 2003, 88 (5): 879 -903.

Pfeffer, J. & Salancik, G. R. *The External Control of Organizations: A Resource Dependence Perspective.* New York, NY: Harper & Row, 1978.

Raelin, J. Does Action Learning Promote Collaborative Leadership? *Academy of Management Learning & Education*, 2006, 5 (2): 152 -168.

Ragins, B. R., Cotton, J. L. & Miller, J. S. Marginal Mentoring: The Effects of Type of Mentor, Quality of Relationship, and Program Design on Work and Career Attitudes. *Academy of Management Journal*, 2000, 43 (6): 1177 -1194.

Reagans, R., Argote, L. & Brooks, D. Individual Experience and Experience Working Together: Predicting Learning Rates from Knowing Who Knows What and Knowing How to Work Together. *Management Science*, 2005, 51 (6): 869 - 881.

Reichard, R. J., Riggio, R. E., Guerin, D. W., Oliver, P. H., Gottfried, A. W. & Gottfried, A. E. A Longitudinal Analysis of Relationships between Adolescent Personality and Intelligence with Adult Leader Emergence and Transformational Leadership. *Leadership Quarterly*, 2011, 22 (3): 471 - 481.

Reinsch, J. M., Rosenblum, L. A., Rubin, D. B. & Schulsinger, M. F. Sex Differences in Developmental Milestones during the First Year of Life. *Journal of Psychology & Human Sexuality*, 1991, 4 (2), 19 - 36.

Rice, N. Opportunities Lost, Possibilities Found: Shared Leadership and Inclusion in an Urban High School. *Journal of Disability Policy Studies*, 2006, 17 (2): 88 - 100.

Ritter, B. A. & Yoder, J. D. Gender Differences in Leader Emergence Persist Even for Dominant Women: An Updated Confirmation of Role Congruity Theory. *Psychology of Women Quarterly*, 2004, 28 (3): 187 - 193.

Rosing, K., Frese, M. & Bausch, A. Explaining the Heterogeneity of the Leadership-innovation Relationship: Ambidextrous Leadership. *Leadership Quarterly*, 2011, 22 (5): 956 - 974.

Roussin, C. J. Increasing Trust, Psychological Safety and Team Performance through Dyadic Leadership Discovery. *Small Group Research*, 2008, 39 (2): 224 - 248.

Sagie, A. Effects of Leader's Communication Style and Participative Goal Setting on Performance and Attitudes. *Human Performance*, 1996, 9 (1): 51 - 64.

Sagie, A. Leader Direction and Employee Participation in Decision Making: Contradictory or Compatible Practices. *Applied Psychology*, 1997a, 46 (4): 387 -415.

Sagie, A. Tightening the Loose-tight Model of Leadership. *Applied Psychology*, 1997b, 46 (4): 447 -452.

Sagie, A. & Koslowsky, M. Organizational Attitudes and Behaviors as a Function of Participation in Strategic and Tactical Change Decisions: An Application of Path-goal Theory. *Journal of Organizational Behavior*, 1994, 15 (1): 37 -47.

Sagie, A., Zaidman, N., Amichai-Hamburger, Y., Te'eni, D. & Schwartz, D. G. An Empirical Assessment of the Loose-tight Leadership Model: Quantitative and Qualitative Analyses. *Journal of Organizational Behavior*, 2002, 23 (3): 303 -320.

Salancik, G. R. & Pfeffer, J. A Social Information Processing Approach to Job Attitudes and Task Design. *Administrative Science Quarterly*, 1978, 23 (2): 224 -253.

Salovey, P., Bedell, B. T., Detweiler, J. B. & Mayer, J. D. Current Directions in Emotional Intelligence Research. In M. Lewis & J. M. Haviland-Jones (Ed.), *Handbook of Emotions* (2nd ed.). New York, NY: Guilford Press, 2000: 504 -522.

Schein, E. H. *Organizational Culture and Leadership*. San Francisco, CA: Jossey-Bass, 1985.

Schneider, C. E. & Goktepe, J. R. Issues in Emergent Leadership: The Contingency Model of Leadership, Leader Sex, Leader Behavior. In H. Blumberg, A. Hare, V. Kent & M. Davies (Ed.), *Small Groups and Social Interaction*. Chichester, U. K.: Wiley, 1983, 1: 413 -

421.

Seibert, S. E. & Goltz, S. M. Comparison of Allocations by Individuals and Interacting Groups in an Escalation of Commitment Situation. *Journal of Applied Social Psychology*, 2001, 31: 134 - 156.

Senge, P. M. *The Fifth Discipline*. New York, NY: Doubleday, 1990.

Shalley, C. E., Zhou, J. & Oldham, G. R. The Effects of Personal and Contextual Characteristics on Creativity: Where Should We Go From here. *Journal of Management*, 2004, 30 (6): 933 - 958.

Sheremata, W. A. Centrifugal and Centripetal Forces in Radical New Product Development under Time Pressure. *Academy of Management Review*, 2000, 25 (2): 389 - 408.

Siegel, P. A. & Hambrick, D. C. Business Strategy, Collaboration and the Social Psychology of Top Management Teams. *Advances in Strategic Management*, 1996, 13: 89 - 117.

Silvia, C. & McGuire, M. Leading Public Sector Networks: An Empirical Examination of Integrative Leadership Behaviors. *Leadership Quarterly*, 2010, 21 (2): 264 - 277.

Simsek, Z., Veiga, J. F., Lubatkin, M. H. & Dino, R. N. Modeling the Multilevel Determinants of Top Management Team Behavioral Integration. *Academy of Management Journal*, 2005, 48 (1): 69 - 84.

Simons, T. L. & Peterson, R. S. Task Conflict and Relationship Conflict in Top Management Teams: The Pivotal Role of Intra-group Trust. *Journal of Applied Psychology*, 2000, 85 (1): 102 - 111.

Sivasubramaniam, N., Murry, W. D., Avolio, B. J. & Jung, D. I. A Longitudinal Model of the Effects of Team Leadership and Group Potency on Group Performance. *Group and Organization Manage-*

ment, 2002, 27 (1): 66 –96.

Smith, P. B. Let's Put Leaders Back into Their Cultural Context. *Applied Psychology*, 1997, 46 (4): 443 –447.

Smith, J. A. & Foti, R. J. A Pattern Approach to the Study of Leader Emergence. *Leadership Quarterly*, 1998, 9 (2): 147 –160.

Smith, K. G., Smith, K. A., Olian, J. D., Sims, H. P., O'Barmon, D. P. & Seully, J. A. Top Management Team Demography and Process: The Role of Social Integration and Communication. *Administration Science Quarterly*, 1994, 39 (3): 412 –438.

Sobel, M. E. Asymptotic Intervals for Indirect Effects in Structural Equations Models. In S. Leinhart (Ed.), *Sociological Methodology*. San Francisco, CA: Jossey-Bass, 1982: 290 –312.

Somech, A. The Effects of Leadership Style and Team Process on Performance and Innovation in Functionally Heterogeneous Teams. *Journal of Management*, 2006, 32 (1): 132 –157.

Sparrowe, R. T., Liden, R. C., Wayne, S. J. & Kraimer, M. L. Social Networks and the Performance of Individuals and Groups. *Academy of Management Journal*, 2001, 44 (2): 316 –325.

Spector, P. E. Using Self-report Questionnaires in OB Research: A Comment on the Use of a Controversial Method. *Journal of Organizational Behavior*, 1994, 15 (5), 385 –392.

Spillane, J. P. & Diamond, J. B. *Distributed leadership in Practice*. New York, NY: Teachers College Press, 2007.

Spillane J. P., Halverson, R. & Diamond, J. B. Investigating School Leadership Practice: A Distributed Perspective. *Educational Research*, 2001, 30 (3): 23 –28.

Spillane J. P. , Halverson, R. & Diamond, J. B. Towards a Theory of Leadership practice: A Distributed Perspective. *Journal of Curriculum Studies*, 2004, 36 (1): 3 - 34.

Srivastava, A. , Bartol, K. M. & Locke, E. A. Empowering Leadership in Management Teams: Effects on Knowledge Sharing, Efficacy, and Performance. *Academy of Management Journal*, 2005, 49 (6): 1239 - 1251.

Stein, R. T. Identifying Emergent Leaders from Verbal and Nonverbal Communications. *Journal of Personality and Social Psychology*, 1975, 32 (1), 125 - 135.

Steiner, E. D. Group Process and Productivity. New York, NY: Academic Press, 1972.

Stogdill, R. M. *Handbook of Leadership*. New York, NY: Free Press, 1974.

Sutanto, J. , Tan, C. , Battistini, B. & Phang, C. W. Emergent Leadership in Virtual Collaboration Settings: A Social Network Analysis Approach. *Long Range Planning*, 2011, 44 (5/6): 421 - 439.

Taggar, S. , Hackett, R. & Saha, S. Leadership Emergence in Autonomous Work Teams: Antecedents and Outcomes. Personnel Psychology, 1999, 52 (4): 899 - 926.

Taylor, R. N. Age and Experience as Determinants of Managerial Information Processing and Decision Making Performance. *Academy of Management Journal*, 1975, 18 (1): 74 - 81.

Timperley, H. S. Distributed leadership: Developing Theory from Practice. *Journal of Curriculum Studies*, 2005, 37 (6): 395 - 420.

Tucker, R. C. The Theory of Charismatic Leadership, In D. A. Rustow (Ed.), *Philosophers and Kings: Studies in Leadership*. New York,

NY: George Braziller, 1970, 97 (3): 69-94.

Türetgen, I. Ö., Unsal, P. & Erdem, I. The Effects of Sex, Gender Role, and Personality Traits on Leader Emergence Does Culture Make a Difference? *Small Group Research*, 2008, 39 (5): 588-615.

Uhl-Bien, M. Relational Leadership Theory: Exploring the Social Processes of Leadership and Organizing. *Leadership Quarterly*, 2006, 17 (6): 654-676.

Uhl-Bien, M. & Marion, R. Complexity Leadership in Bureaucratic Forms of Organizing: A Meso Model. *Leadership Quarterly*, 2009, 20 (4): 631-650.

Uhl-Bien, M., Marion, R. & McKelvey, B. Complexity Leadership Theory: Shifting Leadership from the Industrial Age to the Knowledge Era. *Leadership Quarterly*, 2007, 18 (4): 298-318.

Uhl-Bien, M. & Marion, R. *Complexity Leadership*. Charlotte, NC: Information Age Publishing, 2008.

Uzzi, B. Social Structure and Competition in Inter Firm Networks: The Paradox of Embeddedness. *Administrative Science Quarterly*, 1997, 42 (1): 35-67.

Vroom, V. H., & Yetton, P. W. *Leadership and Decision Making*. Pittsburgh, PA: University of Pittsburgh Press, 1973.

Wageman, R. Interdependence and Group Effectiveness. *Administrative Science Quarterly*, 1995, 40 (1): 145-180.

Waldersee, R., Simmons, R. & Eagleson, G. Pluralistic Leadership in Service Change Programs: Some Preliminary Finding. *Conference of Academy of Management Best Papers Proceedings*, 1995: 296-300.

Walter, F., Cole, M. S., Vegt, G. S., Rubin, R. S. & Bommer,

W. H. Emotion Recognition and Emergent Leadership: Unraveling Mediating Mechanisms and Boundary conditions. *Leadership Quarterly*, 2012, 23 (5), 977 – 991.

Wayne, S. J. & Ferris, G. R. Influence Tactics, Affect, and Exchange Quality in Supervisor-subordinate Interactions: A Laboratory Experiment and Field Study. *Journal of Applied Psychology*, 1990, 75 (5): 487 – 499.

Wayne, S. J. & Liden, R. C. Effects of Impression Management on Performance Ratings: A Longitudinal Study. *Academy of Management Journal*, 1995, 38 (1): 232 – 260.

Weber, M. *The Theory of Social and Economic Organization*. NewYork: Oxford University Press. 1947.

Weigelt, C. & Sarkar, M. B. Learning from Supply-side Agents: The Impact of Technology Solution Providers' Experiential Diversity on Clients' Innovation Adoption. *Academy of Management Journal*, 2009, 52 (1): 37 – 60.

Weiss, H. M. Learning Theory and Industrial and Organizational Psychology. In M. D. Dunnette & L. M. Hough (Ed.), *Handbook of Industrial and Organizational Psychology*. Palo Alto, CA: Consulting Psychologists Press, 1990, 1: 171 – 221.

Weiss, H. M. & Cropanzano, R. An Affective Events Approach to Job Satisfaction. In B. M. Staw & L. L. Cummings (Ed.), *Research in Organization Behavior*. Greenwich, CT: JAI Press, 1996, 18: 1 – 74.

Whetten, D. A. An Examination of The Interface between Context and Theory Applied to the Study of Chinese Organizations. *Management and Organization Review*, 2009, 5 (1): 29 – 55.

Wilkens, R. & London, M. Relationships between Climate, Process, and Performance in Continuous Quality Improvement Groups. *Journal of Vocational Behavior*, 2006, 69 (3): 510 – 523.

Winter, D. G., John O. P., Stewart, A. J., Klohnen, E. C. & Duncan, L. E. Traits and Motives: Toward an Integration of Two Traditions in Personality Research. *Psychological Review*, 1998, 105 (2): 230 – 250.

Wofford, J. C. & Liska, L. Z. Path – goal Theories of Leadership: A Meta-analysis. *Journal of Management*, 1993, 19 (4): 857 – 876.

Wolff, S. B. Pescosolido, A. T. & Druskat, V. U. Emotional Intelligence as the Basis of Leadership Emergence in Self-managing Teams. *Leadership Quarterly*, 2002, 13 (5), 505 – 522.

Wong, A., Tjosvold, D. & Lu, J. Leadership Values and Learning in China: The Mediating Role of Psychological Safety. *Asia Pacific Journal of Human Resources*, 2010, 48 (1): 86 – 107.

Wood, M. S. Determinants of Shared Leadership in Management Teams. *International Journal of Leadership Studies*, 2005, 1 (1): 64 – 85.

Woods, P. A. Democratic Leadership: Drawing Distinctions with Distributed Leadership. *International Journal of Leadership in Education*, 2004, 7 (1): 1, 3 – 26.

Wu, J. B., Tsui, A. S. & Kinicki, A. J. Consequences of Differentiated Leadership in Groups. *Academy of Management Journal*, 2010, 54 (1): 90 – 106.

Yammarino, F. J. "Tight" Examination of "Loose" Levels of Analysis in Leader Direction and Employee Participation. *Applied Psychol-*

ogy, 1997, 46 (4): 434 -439.

Yammarino, F. J., Salas, E., Serban, A., Shirreffs, K. & Shuffler, M. L. Collectivistic Leadership Approaches: Putting the "We" in Leadership Science and Practice. *Industrial and Organizational Psychology: Perspectives on Science and Practice*, 2012, 5 (4): 382 -402.

Yang, J. X., Zhang, Z. X. & Tsui, A. S. Middle Manager Leadership and Frontline Employee Performance: Bypass, Cascading, and Moderating Effects. *Journal of Management Studies*, 2010, 47 (4): 654 -678.

Yoo Y. & Alavi M. Emergent Leadership in Virtual Teams: What do Emergent Leaders do? *Information and Organization*, 2004, 14 (1): 27 -58.

Yukl, G. Managerial Leadership: A Review of Theory and Research. *Journal of Management*, 1989, 15: 251 -289.

Yukl, G. Leading Organizational Learning: Reflections on Theory and Research. *Leadership Quarterly*, 2009, 20 (1): 49 -53.

Yukl, G. *Leadership in organizations* (8th ed.) . Englewood Cliffs, NJ: Prentice Hall, 2012.

Zaccaro, S. J. & Klimoski, R. The Interface of Leadership and Team Processes. *Group and Organization Management*, 2002, 27 (1): 4 -13.

Zaccaro, S. J., Rittman, A. L. & Marks, M. A. Team Leadership. *Leadership Quarterly*, 2001, 12 (4): 451 -483.

Zhang, Z. & Peterson, S. J. Advice Networks in Team: The Role of Transformational Leadership and Members' Core Self-Evaluations. *Journal of applied Psychology*, 2011, 96 (5): 1004 -1017.

Zhou J. Promoting Creativity through Feedback. In J. Zhou and C. E. Shalley

(*Ed.*), *Handbook of Organizational Creativity*. Hillsdale, NJ: Lawrence Erlbaum, 2008: 125 - 145.

Zhou, J. When the Presence of Creative Coworkers is Related to Creativity: Role of Supervisor Close Monitoring, Developmental Feedback, and Creative Personality. *Journal of Applied Psychology*, 2003, 88 (3): 413 - 422.

Zimmerman, M. & Zahniser, J. Refinements of Sphere-specific Measures of Perceived Control: Development of a Sociopolitical Control Scale. *Journal of Community Psychology*, 1991, 19 (2): 189 - 204.

Zhang, Z., Waldman, D. A. & Wang, Z. A Multilevel Investigation of Leader - Member Exchange, Informal Leader Emergence, and Individual and Team Performance. *Personnel Psychology*, 2012, 65 (1): 49 - 78.

索　引

后 记

自 2008 年起，我的研究兴趣逐渐聚焦于后英雄式领导这一新兴的前沿学术领域，然而随着研究的深入，越来越多的难题和疑惑接踵而来。为了能够继续该领域的探索，我给同样对此课题感兴趣的美国麻省理工学院（MIT）斯隆管理学院领导力中心主任，团队领导方向的大师级学者 Deborah Ancona 教授写信，表达了希望能够在她的指导下从事后英雄式领导研究的强烈愿望，她对我的想法非常支持，并很快发出了邀请函。2010 年整整一年的访学经历应该是我学术生涯的分水岭。本书的最早构思正是在那段时间形成的，那些难题和疑惑在当时也有了初步的解答，在后续的研究中我又逐渐加深了对这些问题的认识，并最终将之反映到本书中。

刚到美国后不久，我就发现我所思考的问题即使在西方学术界也是鲜有人涉足的，并没有成形的答案。在拥有哈佛、MIT 等上百所院校的教育名城波士顿，我积极地参加各种学术研讨会，尝试与不同的学者对话，广泛地查找相关资料……至今仍然记得往返于 Shawmut 和 MIT 之间的古老红线地铁上，每天不管多么拥挤，我都会拿出资料聚精会神翻阅时的满足感。现在更加怀念当时的日子，因为回国后我就被淹没在各种琐事的汪洋大海中，虽然陆陆续续也出了不少成果，但总是没有在波士顿的安静和从容了。为此，我格外感谢在 MIT 访学的经历，让我在后英雄式领导的研究领域里开阔了视野，也打下了良好的学术基础。

说到感谢，本书的出版并非个人力量能够完成的，尤其对于一个如此前沿的课题而言。我应该感谢的人很多。非常感谢 Deborah 的邀请，让我有了一段难忘的经历，在美国时每周一次与她的会面总是让我收获良多，回国后她还经常写信问候我，关心我的职业成长和研究进展。她一直鼓励我将后英雄式领导的概念介绍给中国的学术界，希望我对中国的领导学界有所贡献，这也成为本书写作的最大动力。也要感谢斯隆管理学院领导力中心的研究助理 Elaine Backman 女士，那一年中她几乎每个工作日都会来到我的办公室，充满激情地与我讨论相关的研究，与 Elaine 的观点碰撞帮助我形成了本书的核心内容——后英雄式领导四象限分类框架。

我要感谢我近几年的研究生刘锋、林晓霜、戴玲玲、周红艳、王亚楠、高志欣、杨蕊竹和李晨，他们不同程度地参与了本书的写作：或者是其中某篇论文的合作者，或者是帮助我进行了翻译、查找资料等基础工作。这些同学大都没有选择继续从事科研工作，但是我相信以他们的踏实和认真，未来一定会在各自选择的道路上取得不俗的成绩，并终有一天让我为他们而感到骄傲。

我还要感谢硕士和博士阶段的恩师王凤彬教授。毕业后我的研究兴趣有所调整，但一直受益于王老师当年对我的严格要求。我会永远记住王老师为我的第一本专著所作序言中的那句“科研道路充满艰辛，需要努力，更需要耐力和持之以恒”。于本书而言，目前呈现出来的还只是阶段性的成果，后英雄式领导的研究之路漫漫，我一定尽力不辜负她对我的殷切希望。

社会科学文献出版社的童根兴对本书的出版起到了重要的推动作用，编辑郑嫱老师和王玮老师也为本书投入了非常多的精力和时间，他们的细致、专业和干练给我留下了深刻的印象。没有他们就没有这本书的顺利面世，在此对他们一并表示深深的感谢。

我的妻子本来有着极具前景的工作和很好的发展机会，但为了我和家庭，她牺牲了自己的事业，尽心尽力相夫教子而无怨无悔，对她的亏欠之情显然不是感谢二字能够表达的；乖巧的女儿恰好出生于2008年，伴随着我对后英雄式领导的研究一路成长，她的美好和纯真带给我很多体悟，也带给我太多无法言喻的快乐和幸福，学术世界因枯燥往往呈现黑白色调，而女儿欢快的笑声总是让它瞬间五彩斑斓起来……

刘松博

2014年4月于中国人民大学求是楼

图书在版编目(CIP)数据

后英雄式领导：概念丛林、研究进展与实证分析/刘松博著.—北京：社会科学文献出版社，2014.5
ISBN 978-7-5097-5925-7

Ⅰ.①后… Ⅱ.①刘… Ⅲ.①企业领导学-研究
Ⅳ.①F272.91

中国版本图书馆 CIP 数据核字（2014）第078429号

后英雄式领导
——概念丛林、研究进展与实证分析

著　　者／刘松博

出 版 人／谢寿光
出 版 者／社会科学文献出版社
地　　址／北京市西城区北三环中路甲29号院3号楼华龙大厦
邮政编码／100029

责任部门／社会政法分社（010）59367156　　责任编辑／郑　嬿
电子信箱／shekebu@ssap.cn　　责任校对／师军革
项目统筹／童根兴　　责任印制／岳　阳
经　　销／社会科学文献出版社市场营销中心（010）59367081　59367089
读者服务／读者服务中心（010）59367028

印　　装／三河市尚艺印装有限公司
开　　本／787mm×1092mm　1/20　　印　　张／11.2
版　　次／2014年5月第1版　　字　　数／169千字
印　　次／2014年5月第1次印刷
书　　号／ISBN 978-7-5097-5925-7
定　　价／45.00元